康德的理性神学

〔美〕艾伦·伍德 著

邱文元 译

Allen W. Wood

KANT'S RATIONAL THEOLOGY

Copyright © 1978 by Cornell University Press

根据美国康奈尔大学出版社 1978 年版译出

目　录

序 ··· 1

引言 ··· 4

1. **上帝的理念** ·· 17
   纯粹理性的理想 ··· 21
   所有可能性的根据 ·· 65
   神的属性 ··· 84

2. **三种有神论证明** ·· 102
   康德的策略 ·· 104
   本体论证明 ·· 108
   宇宙论证明 ·· 138
   自然神学证明 ··· 146

目 录

结语 …………………………………………… 166

索引 …………………………………………… 172
译者后记 ……………………………………… 178

序

这本书是在翻译伊曼纽尔·康德的《哲理神学讲座》的时候开始构思的。一开始是作为该书一个组成部分的评述进行构思,这种评述通常是作为译者从事虽然重要但无人领情的任务——使一些重要著作对那些不会或者没有时间阅读原文的人可以便利的阅读——的报偿而强加给读者。但在写作的过程中,这篇评述本身变成了一本薄书,现在看来最好是单独出版。

康德的神学思考或一般宗教主题的思考,包含两个方面:一个是实践的或者说道德的,另一个是理论的或形而上学的。很清楚的是,对于康德自己来说宗教问题的道德维度是最为重要的,他认为对于上帝存在和其他宗教问题上的道德立场是唯一能获得积极成果的选择。不过,由于其原创性和内在的哲学优点,由于其历史影响力以及对中世纪和现代哲学史上理性神学传统的透彻阐明,康德对宗教的形而上学或理论沉思也引人入胜。康德哲学的这个方面的沉思，对于我们从整体上理解他的哲学思想，特别是对康德道德信仰内涵的恰当品评，也是十分重要的。

在《康德的道德宗教》一书中，我专门考察了康德关于宗教问题思想的实践或道德方面。但是，当从这个角度梳理康德哲学的时候，我不禁关注到，康德所期待的有道德倾向的人从其困境中获得的具体的宗教结论，恰恰是一个久已存在的形而上学和理性神学传统的组成部分。无疑康德对这个传统已转为批判的眼光，但是，归根结底，他和他所批判的形而上学家们一样，彻头彻尾地从属于这个传统。康德宗教信仰的内容，到头来十分依赖于他在理性神学领域里理论研究的结论，尽管这个结论，从其自身来说，是极端谨慎的、试探性的和怀疑论的。我认识到，只要我们没有顾及到康德关于我们的最高存在者的概念的理性起源、内涵、地位的常常是极度抽象、晦涩、深刻的沉思，我们就不能得到对康德关于宗教主题的思想的全面的和通贯的理解。因此，用对于康德理性神学的研究来补充我早些时候论述康德道德宗教的著作，对于我来说是很自然的事情。

这本书的主题，无论如何，不能归属于在学术文献上得到过度研究的一类。康德著名的对三种有神论论证的攻击，得到了很多的关注，这是事实。即使如此，在我看来，人们对康德这个领域的很多观念普遍存在着误解，并且（如我证明的那样）康德对这些证明进行的批判的哲学意义常常被估计过高。

至于康德理性神学的积极和建设性的方面，情况恰好相反。甚至少有著者肯屈尊自己，来谈论"纯粹理性的理想"的开头部分，或者同情地解读《纯粹理性批判》遭轻视和忽略的这一部分中，简单地和晦涩地表述的艰难推理。讨论康德理性神学的唯一一部英文专著，是1929年F. E. 英格兰（F. E. England）《康德的上帝概念》（*Kant's Conception of God*）。他由以出发的立场，既没有对康德的特别同情，也没有对那些有兴趣对哲理神学必须要说些什么的当代哲学家的特别同情。几年前英格兰著作的重印，使我相信存在着对康德哲学这一方面的英文著作的需求。当前的这本书就是为了满足这个需要的一个打算。

这本书的许多要点，受益于我与别的哲学家的讨论，特别是与肯尼思·尼尔森（Kenneth Nelson），卡尔·吉内特（Carl Ginet），罗伯特·斯托内克（Robert Stalnaker）的讨论。可是，他们中无人阅读过手稿的任何部分，即使阅读过，他们也可能认不出自己的贡献。我也要感谢我的妻子雷佳（Rega），感谢她对我所有工作的持续不断的支持，还要感谢我的儿子亨利，要等到我写完这本书后他才出生。

艾伦·W. 伍德

伊萨卡，纽约

引　言

　　康德通常不被看作一个神学家。事实上，由于他的富有深远意义的对公认的上帝存在证明的攻击，在人们记忆中，康德主要是一个自然神学传统批判者的形象。康德与传统关系的流行观念，海因里希·海涅给出了最有说服力的表述——他把康德描绘成一个神学上的罗伯斯庇尔，一个无情的、残酷的和不屈不挠的上帝死刑的执行人。无疑，康德宣布否定知识只是为了为信仰保留地盘；在海涅描述的故事中，康德最后也大发慈悲，为了安慰他的老仆人兰佩，至少从道德的角度上许可了上帝存在。但是，在海涅和后来的大多数读者眼里，康德在实践哲学中取消其在《纯粹理性批判》的破坏工作的企图，既是不成功，也不像他对传统有神论的形而上学基础的破坏那样符合其典型的性格。①

---

　　①　海因里希·海涅：《德国的宗教和哲学》（*Religion und Philosophie in Deutschland*），《著作全集》（*Gesammelte werke*），古斯塔夫·卡佩勒斯（Gustav Karpeles）编

引　言

　　海涅的想象的确包含了重要的真理成分。作为启蒙运动的热情的支持者,康德毫不犹豫地表明了他对教权主义和传统的教会制度的不信任态度。对任何歧视人类理性和企图剥夺理性对思想和行动的合法主权的宗教信仰,他都是激烈的反对者。对康德来说,唯一可接受的宗教是纯粹理性的宗教。康德本人蔑视一切诉诸我们病态情感的信条,特别是蔑视纵情于神秘通神学的"狂热"主义。只要其启示的内容与人类从理性能力自然发现的原则一致,康德也愿意容忍那些建立在特别的神圣启示之上的宗教信仰。当然,由于康德反复地和公开地抨击当时宗教制度中的"对上帝的迷信的伪侍奉",他关于宗教问题的写作,最终被普鲁士大臣沃尔纳(Johann Christoph Wöllner)所禁止。

　　在自然神学领域,康德也是经院哲学理性主义传统及其拥有上帝自然知识断言的深刻的批判者。在第一批判的分析篇,康德证明人类的认识能力是限制在感觉世界中的;在同一著作的辩证篇,他系统地批判了理性主义形而上学克服这个限制的企图。自然,康德批判的直接目标,是18世纪德国的理性主义者,例如克里斯蒂安·沃尔夫和亚历山大·戈特利布·鲍姆嘉登。但是,在广泛一些的意义上,他所抨击的传统可以上溯许

(柏林,1887年),第5卷,第95及以下各页。参考英译《德国的宗教和哲学》(*Religion and Philosophy in Germany*),约翰·斯诺德格拉斯(John Snodgrass)译(波士顿,1959年),第105及以下各页。所有从德语、法语和拉丁语译出的译文都由我自己所译。标准版的英文翻译也为了读者的方便而引用。

多世纪。在这个传统中,从希伯来一神教继承下来的宗教观念,在希腊流传下来的形而上学中得到表述和辩护。并且,这个传统不仅在现代科学革命面前存活下来,还从中获得了生命力。(在这一点上,不应忘记的是,康德所知道的三种主要的有神论证明,与笛卡尔、莱布尼茨和牛顿的名字紧密地联系在一起。)可以理解的是,体验到康德对传统神学攻击的同代人,甚至半个世纪后的海涅,都会陷入深深的困扰。或许在这个意义上,海涅称康德为"世界毁灭者"——"思想王国中最伟大的毁灭者",① 真是没有夸张。

可是,就在同时,海涅的解释完全忽视了康德对他所批判传统的深度同情。康德的确排斥了这个传统中的上帝存在论证,也对它拥有神性思辨知识的主张转持怀疑论的态度。但最终,除非从有神论出发,否则康德就根本不能设想人类的处境,并且,除非以经院理性主义传统的方式,否则他也不能思考上帝。康德对传统的批判,并不包含哲学家本人要粉碎其智识世界的意图,也不以摧毁其思想王国为目的。不可以设想康德会游离这个智识世界,就像他不会远离他的故乡柯尼斯堡的周边那样。完整的和全面的考察可以发现,他的哲学事实上几乎把这个思想的传统王国完好地保留了下来。因为,康德的真实目的不是摧毁神学,而是用一个批判的神学去取代那个独断的神学:把理性神学从一种自负的思辨科学变成一种对人类理

---

① 海涅:《著作全集》第5卷,第98页。参考《德国的宗教和哲学》英译本,第109页。

性不可避免却永难解决的问题的批判检讨。这个批判的神学，不过是我们在自律理性指导下的道德志向的表达途径。

神学和理性固有的辩证法

在康德看来，理性主义形而上学的伪科学的根基都可以追溯到人类理性的一种自然倾向来——即超越理性的界限寻求人类有限性永远不可企及的知识上的完整性。这种徒劳却不可避免的追问的机缘，是康德称之为"理性的理念"提供的。理念这个词，是康德相当自觉地从柏拉图那里借来的。① 它指称那些我们的理性能力先天构成而没有可能的经验与其相符的任何概念。我们之所以对理性的理念感兴趣，是因为它似乎可以通过为我们经验中以某种方式"有条件的"给予我们的一批对象或一系列对象提供"无条件的"前提，而为我们的知识赋予完整性。

《纯粹理性批判》的辩证篇提出了这样的理念的一个完整系统，并且致力于系统地驳斥与其相联系的虚假知识。理性心理学的伪科学建立在简单、不可毁灭（因而不朽的）的灵魂基础的理念之上，这个灵魂基础作为我所有的思想和内在经验依存的实体，作为其先前的必然一致性的解释根据，支撑着我所有的思想和内在经验。这个理念为我们内在意识生活中互相限

---

① 康德：《纯粹理性批判》，A 313/B 370；《全集》（*Gesammelte Schriften*），柏林科学院版，第3和4卷。

制和互为条件的多样的现象指示出与其相关的"无条件者"。或者，假装科学的纯粹理性宇宙学把与我们在经验中遇到的各种回溯的序列相关的无条件的完整性理念当作它的主题。它关注时间中必然开端的理念，或必然不可分的实体的理念，作为与事件的时间条件序列相关的"无条件者"，或者一个给定物质实体可能遭遇的分割集合的序列的"无条件者"。在康德的自我意识、时间空间和物质实体的理论中，这些理念中任何一个都不表示一个可以与任何可能的经验相符合的对象。因此，在康德的认识论中，所有理性心理学和理性宇宙学探究这些对象的属性或甚至确认其存在（或不存在）的努力都是没有希望的而被放弃。

除了理性心理学和理性宇宙学的伪科学以外，康德也考察了理性神学要为我们提供关于最高存在者的存在和属性的先天知识的自负。大概而言，据康德说，必然存在者的理念，发生于理性宇宙学，当我们企图思考与其存在在因果关系上或然地依赖于其后面的事物的事物序列相关的"无条件者"时。但是，作为无限完满的存在者或"最实在的存在者"的最适当的上帝理念，是我们的理性以相当不同的方式构造出来的：它出现在我们试图设想事物的"通盘规定"——对它们的无条件完全的知识，或者属于它们的所有属性的通盘详述——的诸条件的过程中。再简单一点说，康德的理论认为，由于一个最完满存在者的理念在它自身包含了每一种可能的完满或实在，那些能属于任何可能事物的属性的完整集合，在理论上，可以通过限制或选择上帝属性的适当方式来规定。因此，上帝的理念给我们提供了一个（仅仅是抽象的）"所有可能的质料"的概念，一个一切可能的事物的所有属性原则上都可以从中派生出来的源头的概念。实际上，我们的有限理性的确无从接近这一源头，而我们对事物属性的规定，必须以经验知识逐渐累积的过程推进，这个过程总是与圆满完成相距甚远。然而，只有我们有能力形成某种我们的任务完成可能是什么样子的概念（无论如何模糊和不恰当），我们才能清楚地意识到我们这方面的有限性。这样，我们就相当自然地产生了最高存在者的理念，在康德看来，如果我们能够详细地认识它的所有属性，这个最高存在者就能使我们完成对任何其他可能事物的通盘规定。

上帝的理念是理性的一个必然性的理念，并且，康德只是向我们对这个理念的内容的自然兴趣和关于是否存在与其对应的一个对象的我们的理论上的好奇心表示尊重。正如我们在他的《哲理神学讲座》中看到的，他相当程度上是同情地参与了理性神学的传统探究。他甚至认为一定数量的上帝理念的内涵和我们在其中必须要思考的属性是能认知的，尽管在进一步的考察中，几乎所有这些知识都具有纯粹的否定性质——这些方面的一种知识，在其中有限的、感性的（因此，对我们而言是可正确认知的）事物的各种各样的特性不能正确地归属于一个最实在的存在者。康德只与那些妄称把神学从理论上的好奇的必然对象变为一种思辨科学，一种关于上帝的得到证明了的学说的那些人，存在真实的争论。因为，康德不仅认为这样的知识是我们无法获得的,而且他也相信,从道德的观点看,假设其知识可以获得,将是对人类困境的根本歪曲。

道 德 信 仰

在《纯粹理性批判》的第二版,康德写道:"由此我必须否定知识以便为信仰保留地盘;因为形而上学的独断论,即无需对纯粹理性的批判就可能在形而上学中取得进步的成见,是无信仰的真正根源,这种无信仰是非常独断的和与道德相冲突的。"① 海涅的想象的真正肤浅之处就表现在这里,表现在他把这个观念看作后来添加的、对宗教正统的没有诚意的让步,或者是对那些不能接受一个没有上帝的宇宙所需要的精神上的冷酷的人(像老兰佩,或者像海涅自己,至少是在他的知识生涯的这一时刻)的感伤主义的让步。恰恰相反,一种理性宗教的信仰态度构成了批判哲学的基础,构成了批判哲学对人作为有限的理性存在者的设想,这个有限的理性存在者以道德自律为其使命。

在康德看来,一个理性存在者的尊严,存在于这个存在者是一个自主的行动者,和作为规定其自身使命的理性法则的自发源泉的事实之中。换句话说,对人来说,至善并不存在于建立自己与从外面加给他的(自然的、社会的或超自然的)命令

---

① 《纯粹理性批判》,B xxx。

的和谐之中,相反,存在于生成他自己的命令系统并自由地将其强加到自己的行动和世界之上。可是,人类同时又是有限的,从属于一个它一定程度上可以认识,在一定程度上能受它的理性选择所影响的自然世界。就是在这个世界,人类行动者必须努力实现其自律理性为其设定的目的。诚然,他的自主选择的能力并不取决于自然规律。但是,他的道德筹划和目的的命运——只有一种虚伪态度才能使他对之漠然处之,却在很大程度上取决于他不能控制的外在世界的运转方式。因此,道德主体必须关注自然的进程与他的道德目的最终是和谐还是冲突的问题。因为,如果不存在这种和谐,那么理性人的道德关切就是空洞的,并且他的最大努力也注定要在荒诞和非理性的世界中流产和失败。设想一个非道德的世界秩序,的确不会去除我们对道德法则的内在意识。但却使我们与道德法则一致的有目的的行动变成非理性的。如同康德解释的,如果我不能相信道德和自然的最终一致性,"我将不得不否定自己的本性和它的永恒的道德法则,我将不再是一个理性的人。"①

任何此种极端的结论能否被证实可能是不清楚的。但是要想弄明白康德为什么相信其可能,我们必须注意康德认为使有理性目的的行动成为可能的那些必然条件。康德坚持的观点是,只有一个人相信这个目的通过他选择的行动进程有实现的可能性时,这个人才能理性地行动以实现预先的目的。例如,

---

① 康德:《全集》,第28卷,第2集,第2部,第1072页;英译《哲理神学讲座》,第110页。

假设有人教我一种很复杂和困难的纸牌游戏。我掌握了游戏规则并且也玩了几次,每一次都输掉了。出于失败引起的懊恼和对胜利的渴望,我把游戏继续玩了下去,五十次,一百次,每次都以失败为结局。最后,教会我游戏的那个人对我的挫败表示了同情,提示说他只是和我开了个玩笑。他解释说这个游戏是如此设计的以致不能获胜,并且进一步向我证明了这个令人悲哀的事实。只要我没有明确认识到这个游戏是不能赢的,为获胜而继续努力对我来说还是有意义的。因为我还坚持着一个信念(不幸是错误的),如果我把游戏继续玩下去,我最终可以获胜。但是,一旦我被劝知游戏玩不赢,我继续玩下去,或者至少是以获胜为目的继续玩下去,就不再有任何意义。这样做,如果不是彻头彻尾不可能的,也是非理性的。总之,康德主张,我不能理性地坚持对一个目的的追求,除非我相信通过我追求这个目的的行动我至少有获得它的可能。

在他的道德信仰的论证中,康德只是做了一个简单的翻转。因为,他主张道德法则给我们指定了一个我们的理性本性要求我们追求的终极目的或至善(summum bonum)。可是这个目的的某些要素(例如在理性存在者之间按照他们的道德功绩的比例分配幸福)只有在假设自然规律和道德理性最终和谐的前提下,才是可以实现的。这样在我按照道德的要求行动、追求至善的时候,我就理性地持有了对这种和谐的信仰。

从理论的观点看,这种信仰一定是毫无理由可言的。通过经验性证据或思辨的论证都不能对其加以证实或否证(据康德所说)。只有一种形而上学的独断论(据康德说,永远是与道德相冲突的不信的源泉)能妄称我们的最终目的是不可能达到的。可是,康德断定相反方向的独断妄想也严重地威胁了道德的存在。因此,道德要求我们认为,能够达至至善的信念不是知识而是信仰。

信仰和神学

康德用纯粹理性的上帝理念和上帝对这个世界的眷顾的传统概念,相当合理地表述了这种道德信仰。如果自然秩序是一个最完满的存在者的造物,那么我们就能很容易地设想这个秩序与我们的道德目的的一致性,以及它怎样才能最终带来我们所追求的目的的实现。因此,理性神学就不仅仅是理论的好奇心关注的对象;由于我们是依据上帝的理念和它与世界的关系形成了关于道德信仰内容的清晰概念,因而它也是实践上深度关切的对象。

在《哲理神学讲座》中,康德强有力地提示道,如果不是为了我们在上帝概念上的道德利益,我们就没有合法的理由形成一个与"自然神论"(deistic)不同的最高存在者的概念——即,我们就没有理由把知性和意志这些"宇宙论的"谓词包括在上帝的属性中。因为,只有一个"活着的"上帝,他说,才能给我们留下与其相配的道德印象。[①] 然而,从道德的(也包

---

① 康德:《全集》,第28卷,第2集,第2部,第1001及下页;《哲理神学讲座》,第30页。

括理论的）立场看也十分重要的是——应该批判地从事理性神学。甚至上帝的宇宙论属性的概念在用于最实在的存在者之前，也必须把其中的经验限制净化出去。令康德担心的是，如果我们以拟人的方式把上帝的属性与我们在人类身上经验到的不完满特性混淆在一起，我们的道德视野就会以各种方式被扭曲。例如，如果我们迷信地把道德法则表述成上帝的专断命令，这种命令是像一个反复无常的专制君主差遣其奴性仆从那样的命令，那么我们就将建立在理性自律上的道德基础破坏无疑了。在康德看来，无论何时，只要我们允许自己把有限存在者的特性归属于上帝，我们就会遇到此类危险。因此，一种把上帝与我们的认知方式可及的（永远只是感性的因而有限的）对象混淆不分的粗心的或独断的神学，不仅因理论上的自负而犯错，而且也会败坏我们的道德品性。

康德经常论证的一个观点是，他对上帝存在及其属性的思辨知识所持的怀疑态度，具有保护信仰的优点，使其免遭那些妄称否证了上帝的存在，或证明他的本性和运作存在各种道德上不可接受后果的那些人的破坏。但是，在《哲理神学讲座》，康德甚至宣称道德的利益也在另外的方向上要求怀疑论。为了满足道德的利益，我们的上帝信念，必须表现为信仰，而不是理论知识的形式：

> 因此，我们的信仰不是科学知识，谢天谢地它不是！上帝的智慧恰好表现在——我们不能认识却应该相信上帝

存在。设想我们能获得上帝存在的科学知识……那么,既然这样,我们所有的道德就都被毁掉了。在每一次行动中,人们都把上帝表现为自己行为的奖励者或报复者。这种形象会不自觉地强迫他的灵魂,而且他的道德动机也会被奖赏的希望和惩罚的恐惧所取代。人们由于感性的冲动而是道德的。①

据康德说,我们信仰上帝,是因为这种信仰与我们追求至善的道德意向和谐一致,也被后者理性地要求着。因为我们具有道德倾向,所以希望我们的最大努力将获得正当的报酬。只要这个期望是有关于信仰而不是关于知识问题的,把它作为我们的动机就不会损害我们的道德行为。这是因为道德信仰预设鼓励我们去信仰的是我们的道德意向,而不是关于一个用奖励和惩处决定我们服从道德命令的上帝的知识。

但康德并不因此有权从这些考虑得出如下结论,即,如果我们能够获得上帝存在的理论知识,我们的道德动机就必然会受到损害。因为,康德通常愿意承认道德上良好的行为有时能为行为主体带来幸福,并且承认行为主体有时甚至能预见这种情况。在这种情况下,康德总是坚持我们能够和应当以道德的考虑为动机而行动,而不能以同样可以驱动我们的自私的动机而行动。然而,尽管我们总是可以确切地知道,我们的良好行

---

① 康德:《全集》,第28卷,第2集,第2部,第1083及下页;《哲理神学讲座》,第123页。

为最终会获得奖赏,我们的坏行为会被惩罚(以至于在恰当的衡量中,道德和精明常常会指示同样的行动方案),在动机的考虑中,我们还是应该把自私的考虑分离出去。所以,康德有资格做出结论的最多不过是,我们在困境中遇到的客观不确定性使我们的道德选择,与如果我们事先知道道德正当的行动与自利动机不谋而合相比,更加深刻。

1. 上帝的理念

　　康德认为，上帝的理性理念对我们来说有双重的利益：一方面，它是自然的和不可避免的（虽然必定是无结果的）理论研究的焦点；另一方面，它是最高的实践（道德）关切的对象。当然，对康德来说，后一种利益毫无疑问比前者更重要。"理性在神学知识中有什么样的利益？不是思辨的，而是实践的利益。……我们的道德需要上帝的理念来增强力量。"① 甚至，康德的道德有神论在一定程度上依赖于上帝的理性理念，正如《哲理神学讲座》和《纯粹理性批判》的辩证篇所展开的那样。康德对道德信仰的论证指出，有道德倾向的个体必须把至善看作可以实现的，并且把他的行动世界看作以使其实现成为可能的方式而有目的地安排好了的。但是这样一个问题或许被提出来：为什么这种道德信念要具有对一个超越世界的人格

---

① 康德：《全集》，第28卷，第2集，第2部，第996页；《哲理神学讲座》，第24页。

神的信仰的形式？后来表达类似的道德的或存在主义愿景的尝试，并不像康德那样把自己和正统有神论结合在一起。费希特的道德信仰概念，很大程度上以康德的前驱为榜样，但在这一点上并没有追随康德。像康德一样，费希特认为，有道德意向的个体理性地坚持相信我们行动于其中的世界（或其超感觉世界的关联物）和我们的道德目的存在最终的一致性。但是，费希特看不出在道德世界的非人格的理性秩序之上设想一个人格上帝的需要。"现存的和运行中的道德秩序，"他宣称，"本就是上帝。我们不需要别的上帝，我们也不能理解另一个上帝。"① 与康德的道德信仰更近期的一个类比，是我们在保罗·蒂利希那里发现的"绝对信仰"的概念，人们在面对焦虑和荒诞时，通过这个概念能发现"存在的勇气"。无论如何，正统的有神论被抛弃，取而代之的是泛神论的内在超越，这个概念固有的暧昧性，使它比传统的哲理神学在形而上学问题上更加模棱两可。

当然，可以指出的是，在康德创作的时候，各种形式精神化的斯宾诺莎主义出现的时机还不成熟。的确，这种斯宾诺莎主义的出现只有通过他发动的哲学革命才可能。然而，从一个更严格的哲学观点看，对人的道德困境的有神论的特定答复，是超越的形而上学的不可避免的问题提示给康德的。康德把上帝的概念，以及自由意志和灵魂不朽的概念，看作理论理性的

---

① J.G. 费希特：《费希特著作集》(*Werke*)，F. 梅迪克斯（F. Medicus）编（莱比锡，1910年），第3卷，第130页。

1. 上帝的理念

必然理念，而把上帝存在的问题看作理性永远不能解决的难题之一。人的道德困境给我们认识这个难题提供了新的维度和急迫性。因为，智慧的天意统治之下的世界是一个正义的世界，我们在其中的道德努力有可能产生预期的结果。相信这样一个天意，一个声称是科学的理性神学暗示的却完全不能证实的信仰，因此就变成我们设想至善的可能性的一种很自然的方式。

从这个角度看，康德的有神论论证必须不仅要在引起实践信仰的道德的和存在主义的探讨中寻找，也要在被期望为这个信仰提供其自然对象的清晰和引人注目的概念的理论辩证法中寻找。

像其他的理性理念一样，康德在试图"无条件地"思考必然总是以某种具体方式"有条件地"给予的诸现象的时候，上帝的理念就出现了。在论二律背反的时候，康德论证说，以一种非常类似于从因果关系的事件的序列上升到自发原因或自由意志的理念的方式，通过追溯偶然存在者或有因果关系的依存者的序列回到其无条件的来源，我们得出了一个"必然存在者"的理念。然而，在康德看来，必然存在者的概念，不是一个令人满意的上帝概念。正确地说，上帝的概念必须是最完满存在者的概念，并且——为了道德信仰的目的——是一个最高的道德完满的存在者。但是，康德并不相信一个必然存在者的任何其他属性能从其必然性推导出来。

笛卡尔随同各种各样的经院哲学家和理性主义者曾经论证说，较不完满存在者的概念预设了最完满存在者的概念。康德对上帝理念的起源和理性必然性的解释，只是他们论证的一个新版本。就像康德表明的，这个论证较多地来自莱布尼茨而不是笛卡尔，但其具体表达却是康德的。康德这一论证的理性主义背景，使其不能赢得读者、特别是说英语的读者的欢迎。对诺曼·康蒲·斯密而言，"纯粹理性理念"的开头部分，包含了"恰好是在整个批判中最陈旧的理性主义论证"。彼得·F. 斯特劳逊（Peter F. Strawson）发现"……最实在存在者的理念会以此方式自然产生，这种见解很难获得同情和理解"。在对辩证篇的最新研究中，乔纳森·伯奈特（Jonathan Bennett）用不足一个段落，将康德的全部解释当作"一个难以相信的传言"打发掉了。[①]

康德的上帝理念的推导是"古色古香的"，在其背后有一个形而上学思考的长长的传统支持着它。但它并不仅仅是对独断的理性主义的复归，也不是其精神和实质都与康德的批判思想相矛盾的一段推理。康德的较经验主义的读者理解（毋宁说是接受）上常常遇到困难的是，康德知识论上的经验主义，不是那种阻止他对理性主义问题意识保持高度同情的类型。康德对理性主义独断论的批判，没有像追随休谟或实证主义时尚的人们那样，对它的形而上学问题傲慢地拒斥。相反，它致力于

[①] N. 康蒲·斯密（Norman Kemp Smith）：《康德〈纯粹理性批判〉解义》（*A Commentary to Kant's Critique of Pure Reason*）（伦敦，1918年），第522页；彼得·F. 斯特劳逊（Peter F. Strawson）：《感觉的界限》（*The Bounds of Sense*）（伦敦，1966年），第222页；乔纳森·伯奈特（Jonathan Bennett）：《康德的辩证法》（*Kant's Dialectic*）（剑桥大学出版社，1974年），第282页。

1. 上帝的理念

比理性主义者自己更好地理解这些问题和它们的哲学来源。毫无疑问,那些对在康德以前的理性神学传统持轻蔑态度的人,要在康德对同样的问题的处置上产生兴趣,会是十分困难的。但是任何认为值得花费时间研究阿奎那、司各特、笛卡尔、斯宾诺莎关于最完满存在者概念思想的人,也会对康德关于同一理念的批判探讨感兴趣。

纯粹理性的理想

康德的本体论

康德的上帝概念和他关于这个概念的理性起源的理论,极其依赖于本体论观点,这种本体论观点是可以追溯到柏拉图的传统的一部分。根据这个传统,实在或存在包含着程度或数量的度量。有些事物比其他事物包含较多的度量,而且,一个事物含有的实在越多,这个事物就是一个更好和更完满的事物。事物可以按照它们存在或完满的程度,安排在一个尺度上。上帝是最实在的存在者,拥有最大的可能存在;唯独他的存在是完整的或无条件的。其他事物以各种程度和方式分有存在,并且这些差异造成了这些事物之间的定性区分。

这些观点在今天几乎不受欢迎。但它们失去吸引力,或许,与其说是因为它们遇到了强有力的驳斥,而不如说因为它们和我们时下的形而上学偏见不相符。也许关于传统本体论的最自然的担心就是,它怎么能有意义地用比较的措辞谈论存在或实在。针对笛卡尔在《沉思》中这类语言的使用，霍布斯提出了反对。"存在有可能多一点少一点吗？"他问。"或者，如果笛卡尔认为一个事物比别的事物更是一个事物，让他考虑一下，怎么样才可能使我们明白易懂？"[①] 霍布斯的困惑看来基于这样一个观念——某物是否存在或是否一个事物，只是是或否的问题，把它当作一个多或少的问题，是人们所不能理解的。一个事物或者存在或者不存在，第三种可能性是不存在的。像这样的问题："小矮妖（leprechauns）是真实的吗？""飞马存在吗？"回答说"在某种程度上"存在，是毫无意义的。或许，霍布斯怀疑笛卡尔陷入了这种无聊的胡说。

传统本体论回答霍布斯的疑问，并不必定遭受损失。一个坚持这一观点的坚定的柏拉图主义者愿意强调，有些事物例如这个生成和变化的现象世界的居民，确实既不真实也不是完全不真实，只能被授予介乎在完满存在和彻底不存在之间的本体论身份。对此类担心的另一种答复来自圣托马斯·阿奎那。在答复"存在不能说多或少"的反驳时，他在"绝对存在"和"相对存在"之间进行了区分。一个事物拥有或缺少"绝对存在"，取决于它是否是一个真实的实体。而一个事物拥有"相对存在"，是就它在某种品质和完满性上可以获得"添加的实

[①] 勒内·笛卡尔：《全集》（*Oeuvres*），C. 亚当（Adam）和P. 坦讷利（P. Tannery）编（巴黎，1904年），第7卷，第185页。参考笛卡尔：《哲学著作》英译本（*Philosophical Works*），海德（Haidane）和罗斯（Ross）编（纽约，1955年），第2卷，第71页。

1. 上帝的理念

在"而言。① 对阿奎那而言，一个事物是否存在（是否是一个实体）绝对是一个是或否的问题。但是，他还是认为，在（真实的或可能的）实体之间存在着完满或实在的不同程度，许可我们把它们看作——相对于彼此或相对于某种标准，拥有多一些或少一些的存在。例如，一匹马由于拥有更高程度的力量、敏捷、勇敢和机智，从而是一匹好马，和更加是一匹马。任何事物，不管其有何特性，只要它含有较多的真实或实在，就是一个较大的存在者，拥有相对较多的存在。一匹马，拥有生命的实在，就比无生命事物有更大的相对存在；一个人，拥有理性的实在，就比任何野兽的存在程度高。其本质就是纯粹的实在的上帝，拥有最大可能的相对存在。根据阿奎那，上帝的存在，事实上，是其他事物的相对存在得以衡量的基准。

在"纯粹理性的理想"中，康德通过对判断中谓词内容的解释，引进了他自己的传统本体论的版本："我们的理性对事物做出的判断或者是肯定的或者是否定的。即，当用一个某物作为一个事物的谓词，我用到这个事物之上的谓词就表示某物在这事物之中，或者那个某物不在其中。一个在事物中表达存在的谓词，包含着一个实在（reality），而表达不存在的谓词包含着对实在的否定。"② 康德这里的观点与谓词的逻辑形式无关，却和他称之为它们的"先验内容"有关。当我们在与这些

---

① 《神学大全》（*Summa Theologiae*），第一集，问题5，第1条，释疑2、3。
② 康德：《全集》，第28卷，第2集，第2部，第1013页；《哲理神学讲座》，第44页。

内容的关系上思考谓词的时候,这些内容能先天地被思想为属于它们的一部分。

> 我们发现它们中有些可以用来表达一个存在,其他的则表达不存在。仅仅通过小词"不"指示的逻辑否定,并不真实地依赖于一个概念,只是依赖于彼概念和此概念在一个判断中的关系……相反,一个先验的否定,与"是某物"——它的概念本身表达了一个存在,因而被称之为实在(物性),是因为只有通过它,或者在它达到的范围内诸对象才是某物——的先验肯定不同,意味着自身的不存在。①

康蒲·斯密认为康德在"纯粹理性的理想"中使用的传统本体论和第一批判分析篇的批判学说不能协调一致。"为了使他的论证更加可信,他强迫自己把其中的本体论预设看作正当的,虽然他在'歧义篇'('由知性的经验性运用与先验的运用相混淆而引起的反思概念的歧义')的讨论中已经表明它们是完全站不住脚的。""分析篇所教导的,"他总结说,"和经院哲学理性主义就像油和水难以相结合。"② 但是康蒲·斯密在这里是完全错误的。在他所指的"歧义"的讨论中,不存在对传统本体论的批判,只有对莱布尼茨把真实的和逻辑的可能性混

---

① 《纯粹理性批判》,A 574 及下页/B 602 及下页。
② 《康德〈纯粹理性批判〉解义》,第524 及下页。

1. 上帝的理念

为一谈的抨击。①

甚至像三个质范畴：实在、否定和限制，这个分析篇的基础部分，也要以传统本体论为其依据。"实在"在康德看来就是一种质，它的先验内容构成了某种确定类型的存在、事实或完满。"否定"在于某种确定的实在的缺少或消失。而"限制"则由一定程度的实在构成，某种实在的显现同时伴随着其他实在的缺失。图型（Schematism）篇也采用了同样的本体论，在那里，实在范畴的图型被叫作"就其充满了时间而言的事物的大小或数量"。在"知觉的预测"中，这种本体论也回来宣称，经验中给予的实在，总有一个"强弱量"。②

如果说康德对传统本体论的认可是清楚无疑的，康德版的这个本体论的准确特征却不是那么容易辨认的，并且康德某些表达的方式，也倾向于使其画面变得模糊而不是清晰。有时他提及"实在的种类"（kinds of reality），并且说"实在"好像是性质上不同的属性，每一种都容许程度和大小的差异。这样看，"力量"可以是众多实在的一种。在上帝的万能中将发现它的纯粹和完整形态，在各种创造物的有限的力量中，只可以找到程度上较小的形态。但是它与其他实在性质上是完全不同的。可是，在另一个时候，康德说诸事物都是"由实在和实在的否定组成的复合物。"这么说来，实在被设想为存在的"量

---

① 《纯粹理性批判》，A 273/B 329。参看下文，第56—59 页（指页边码。——译者）。

② 《纯粹理性批判》，A 143/B182, A 166/B 207；参考 A 208/B 254。

子"或"原子"的观念被提示出来；并且，一个事物拥有给定的完满性越多，拥有的这些原子也就越多。因此，上帝的万能大概在于他拥有一定种类（所有的"力量"）的所有实在；而他的创造物中力量大的，就比力量小的从这些实在中选取了一个较大部分。①

但是，在图型和知觉的预测篇中，康德都认为"作为感觉对象的实在"容许一个强度量的连续体。这些，和康德把诸实在看作实在的大小量以及实在（单数）的程度的提示一起，进一步唤起了一幅由同质的材料组成的实在图画，这些同质的材料或许构成确定的量（不同的诸实在的，"诸实在"是复数形态），并且以那种方式构成谓词的先验内容。至少初看起来，这好像就是康德在1759年论乐观主义的文章中讲到的观点。因为，在那里他曾说，不同的实在不是通过它们的构成（质），而是通过它们的大小量，彼此区别开来。② 可是，这里康德似乎只是意指没有两个实在能含有恰恰完全相同的积极内容（莱布尼茨的不可识别的同一性原理的翻版）。这样，他坚持"诸实在只能通过否定、消失和限制附加到它们中的一个的途径，才能彼此区分开来。"但是，这并不必然否定诸实在可以通过不同的途径被限制。在1763年论负量的文章中，康德论证说两

---

① 《纯粹理性批判》，A 577/B 605。沃尔夫也提出了同样的解释："一个最完满的存在者，是所有构成它的实在都处于绝对最高级的存在者。"参见《自然神学》（*Theologia naturalis*）（法兰克福和莱比锡，1737年），第2卷，第4页。

② 康德：《全集》，第2卷，第31页。

1. 上帝的理念

种实在可以如此不同,以至于它们通过构成一个"真实矛盾"彼此取消(如同作用在相反方向上的同一量的情况)。这似乎提示诸实在可以在量上相等并且也在量上不同(如+3是一个等于但不同于-3的量)。[①]

康德本体论理论的不同线索,或可用一幅他本人提示的图画结合在一起。在第一批判中,康德说"所有事物的多样性不过是限制最高实在概念的多种方式,这个最高实在的概念是事物的共同基础,正如所有的图形只可能是对无限空间的不同方式的限制。"[②] 在《哲理神学讲座》中,他采用了一个稍微不同的类比,把实在和光照、实在的否定和阴影相比较。在讲座的一份手稿中,这两种描述结合在了一起:"例如,如果存在充满所有空间的永恒的光照,那么就没有地点处在阴影之中。现在如果我们设想带着阴影的某物,那么就有一个事物通过否定和限制而产生。"[③]

让我们把"实在"描述为一个我们可以叫作"本体论空间"的广阔区域。不同程度或大小的实在可以被描述为这个空

[①] 康德:《全集》,第2卷,第172-174页。英格兰认为1763年的文章"放弃了实在的量的观点",而确立了一个"质的"观点。参看《康德的上帝概念》(*Kant's Conception of God*)(纽约,1966年),第68页。实在之间的"真实矛盾"的概念是那里的一个新发现,这是事实。但是论负量文章的题目恰好指明康德还在那里把实在设想成不同的程度和数量,而且其整个目的就是把这种本体论观点与物理学和其他科学中的负量的应用联系在一起。参看下文,第58页(指页边码。——译者)。

[②] 《纯粹理性批判》,A 578/B 606。

[③] 康德:《全集》,第28卷,第2集,第2部,第1005页;《哲理神学讲座》,第34页,康德:《全集》,第28卷,第2集,第2部分,第1146及下页;参考Refl.5270,康德:《全集》,第18卷,第139页。

间的有界限的量——可以在大小、形状和位置上区别开来的部分。实在的每一种类,可以被想象成这个空间的一个特定区域,在本体论空间的整体中占有一定的位置,并且与其他区域的每一个存在有确定的关系。这样,我们就能对不同实在之间的质的差别加以解释,而不需要违背诸实在只存在程度上差异的原则——即差异只存在于它们各自限制的特性上的原则。同时,我们可把较大的实在描画为一部分本体论空间,它恰当地包含较小实在对应的部分在自身内,以这种方式来表示一个实在在程度上超越其他实在。① 很自然的,在这幅图画上的实在的程度将是连续的度量,就像空间区域一样。

按照康德的这一理论,那么,每一个可能的事物都可以通过其"亮的"本体论空间的一定部分来表示,这一空间的其他部分就留在"影子"或"暗影"中。同样,每一谓词的先验内容对应于本体论空间的某个部分,都有一个确定的体积和具体的位置。如果这谓词是一个"实在",它就表示与它所表述的对象对应的那部分逻辑空间是"亮的"。如果是一个"否定",

---

① 我选择这种方式来处置问题,是因为此类比较通常是在性质上相同的属性之间进行,就像人们说阿基里斯比奥德修斯的力气大,但是奥德修斯比阿基里斯聪明机灵。但是我们也能比较在性质上显著不同的两种属性的实在的数量和大小吗?换句话说,我们能试图决定何者有更多的相对存在吗?是奥德修斯的聪明机灵,还是阿基里斯的力量?在康德那里找不到此类问题的答案。尽管如此,空间比喻可以被利用来提出对问题的或积极、或消极的答案。如果我们确定此类比较可以进行,那么我们就把不同属性中的实在的大小用它们在本体论空间的对应区域的空间量来表示。如果我们确定只有形式上相同的实在才可以比较量的大小,那么我们就可以拒绝承认任何类似于绝对度量的空间量的概念,取而代之的是,只承认在本体论空间中分享同一位置的那些区域之间的比较。

1. 上帝的理念

它就表示与此对象对应的部分是"暗的"。否定由于只是告诉我们与一个可能事物相对应的哪部分本体论空间是"暗的",而事物是由亮的部分建立起来的,所以它们在为我们提供信息的时候,本身不能建立一个可能事物的概念。一个完全暗的空间,就一定找不到与其相对应的事物:"所有存在只不过是否定(de enti omni modo negativo)的概念就是不存在的概念(non entis)。"①

笛卡尔的论证

在第三个沉思,笛卡尔认为上帝理念在诸理念中有一个特殊的和基础的位置,"在我心中的无限观念以某种方式先于有限观念,上帝的观念先于我的观念。"他对这个断言的论证,建立在传统本体论基础上,建立在"有比有限实体更多的实在包含在无限实体中"的基础之上。笛卡尔说,"因为,从什么根据出发我能够理解我怀疑、我欲望,即某些东西是我所缺乏的并且我总是不完美的,如果在我心中不存在一个更完满的存在者的观念,通过与其比较我或许最终认识我的缺陷?"②

康德也主张上帝是人类理性的一个根本的理念,它在人类思想中的起源"为理性做出决断提供了标准依据"。康德的辩

---

① 康德:《全集》,第28卷,第2集,第2部,第1013页;《哲理神学讲座》,第44页;参考《纯粹理性批判》,A 575/B 603。
② 笛卡尔:《全集》,第7卷,第45-46页,参看:笛卡尔:《哲学著作》英译本,第1卷,第166页。

护有时似乎沿着和笛卡尔一样的思路:

> 但否定是什么?它们不过是对实在的限制。因为,除非肯定的观念已先想到,否则不会有否定可以思想。我何以能仅仅思考缺失,思考黑暗而没有光亮的概念,思考贫穷而没有富足的概念?这样,如果每一个否定概念总要预设一个实在才可以派生出来,那么作为结论,所有事物在它的作为"部分实在,部分否定"(ens partim reale, partim negativum)的通盘规定中都要预设"最实在的存在者"(ens realissimum)。①

如果按照字面理解,认为笛卡尔或康德在此意指我们脑子里的上帝观念在时间上先于其他事物的观念——就好像所有的新生儿在其思想被世俗的事物塞满之前,都必定是理性神学家,那将是错误的。归属于无限观念的"在先"不是时间上的。毋宁是,这断言是说,不管这预设是否被清楚地意识到,上帝的观念已经以某种方式为我们的较不完满事物的概念所暗示或预设。在与我们经验中有条件给予我们的事物的关系中,理性企图思考"无条件的"理念。事实上,康德特别关注理性生成这个理念的方式。

笛卡尔的论证建立在否定属性的概念预设积极属性的概念

---

① 康德:《全集》,第28卷,第2集,第2部,第44及下页;《哲理神学讲座》,第1013及下页。

1. 上帝的理念

的原则之上：要获得非F（not-F）的概念，就必须先有F的概念。如果设想自己缺乏某种力量或能力，我必须知道具有那种力量是什么样子。如果我认为自己在某些方面或其他方面无知，我必须对具有我所缺乏的知识会是什么样有某种概念。但是，这是可以反驳的，这些思考不能建立力量概念对无力概念、知识对无知的优先性：因为矛盾概念的两个对立面一起出现，它们的预设是相互的。如果非F的概念预设了F的概念，同样真实的是，我不同时获得非F的概念就不能真实地获得F的概念。①

这个反驳有一些力量，但是它处置笛卡尔论证的方式有些急促。一旦我们接受了传统本体论，我们必须准许每一对相互矛盾的谓词中的一个把某些部分的实在归属于对象（指定本体论空间的就它而言的某个部分为"亮的"），而另一个只是否定了对象的同一部分的实在（指定本体论空间的就它而言的某个部分为"暗的"）。因此，两个谓词的内容存在于一个肯定另一个否定的实在之中。由于每个谓词的概念预设了另一个的概念，双方就预设了两个概念：所讨论的实在的部分的概念和其否定概念。可是，这两个预设概念的地位是很不同的。前者服务于确认两个矛盾谓词的特定内容；单纯的"非"（not）概念，为每一对矛盾概念所预设，不能服务于识别任何特殊概念。就此而论，任一对矛盾谓词的具体内容都是由它们中的肯

---

① 安东尼·肯尼（Anthony Kenny）：《笛卡尔》（纽约，1968年），第136页。

定一方所包含的实在的部分确定的。否定一方除了增加否定的一般概念外，就没有可令人感兴趣的了，而这个否定的一般概念是任何概念都要预设着的。因此，当笛卡尔的论证坚持任何否定、缺乏、不完满的概念都必须立足于其相应实在的概念之上时，它似乎站在了坚固的基础上。

可是这个论证在其他地方遇到了困难。仅仅从每个否定概念都以其相应实在的概念为前提这个事实出发，不能获得每个有限事物的概念都预设最实在的存在者概念的结论来。可能是那样的，只有我有了F的概念，我才可以有"非F"的概念；但以下不是同样确定的，我不能有部分是F或一定程度是F的事物的概念，除非我有全部的、无条件的和最高的F事物的概念。例如，或许是只有我对一部分知识有某种概念，我才能说对其无知（或者是缺失这部分知识）。但是，以下不是同样确定的，除非拥有（上帝的）全知，否则我就不能具有有限知识的概念。仅仅通过认识到我的知识在某些（有限的）方面可以扩展，或者认识到我现在对某种事物的认识可能是错的，我就可以确定我的知识是有限的。我们需要将我不知道某种确定的事物与有可能知道这一事物相对比，但是在这里却不需要将我的有限知识和上帝的全知相对比。这就是为什么，至少是一看就知道，我的有限知识的概念没有受到威胁，即使我假设它可能会不断增加但永远不会达至任何完满的极限，即使它没有达至"全知"的可能性。这样，笛卡尔的论证远没有证明所有有限事物的概念都预设了最实在的存在者的概念，甚至不能提供认为可以融贯地构造这样一个概念的动机。如果这就是康德用来解释我们的上帝概念的证明，那么，我们对于其成功的前景就不能过于期望了。

完满的个体概念

事实上，无论如何，康德并不仅仅依赖于笛卡尔论证。他的思路要更加复杂、具有更莱布尼茨化的特点。对康德来说，"最实在的存在者"（ens realissimum）的理念源于理性的一个企图，即形成各种特殊事物的可能性的最基本条件的概念的企图，这个最基本条件他称之为它们的"通盘规定"（thorough determination）。在康德的术语里，一个"规定"（determination）是某些谓词的任何属性、特点、内容。动词"规定"（to determine）在两种相关的意义上被使用，一种是认识论的，另一种是本体论的。相关于一个给定谓词规定一个事物，就是通过一些理性程序断定这个谓词是否可以用于它或属于它的概念。另一方面，如果其中的一个谓词归属于那个概念，而且另一个被排除，一个事物的概念就可以说是在本体论意义上，关联于一对矛盾谓词"被规定"。某些概念是被通盘规定的，即，关联于每一对可能的矛盾谓词而被规定。其他概念只是部分地被规定，对一些谓词留下了未规定的关系。完全规定的概念是个体事物的概念；那些部分地被规定的概念是普遍概念。

康德这些观点的最直接来源是沃尔夫和鲍姆嘉登。根据后者，"可共存于一个存在者中的所有规定的总体是这个存在者的通盘规定。因而一个存在者或者是通盘规定了的,或者是较少地得到规定。前者是一个特殊(一个个体),后者是一个普遍。"① 康德在《哲理神学讲座》举例说明了这种差别。人的概念,他说,"并不规定这个人是老还是少、高还是矮、有学养还是无学养。"② 因此"人"的概念关于这些谓词是未规定的,从而是一个普遍概念。但是,一个特定的人,例如,苏格拉底,必定是年轻或年老,高或矮,有学养的或无学养的。苏格拉底作为一个具体个体的概念,必须是相关于每一对可能的矛盾谓词被规定了。沿着同样的思路,沃尔夫坚持认为"凡是活着的或真实存在的,都是通盘规定了的。"进一步,他主张"真实存在者固有的通盘规定是它们的个体化原则或此性(thisness,haecceitas)"。③

显然,所有这些概念的真正创始人是莱布尼茨。他的每个个体的"完满概念"(complete notion)的概念,包括那个个体曾经是、现在是、将要是的任何事物:"因为在每个个体实体的完满概念中,包含着它所有的谓词,包括必然的和偶然的,过去、现在和未来的。"沃尔夫、鲍姆嘉登和康德的观念都是从莱布尼茨那里继承下来,一个概念的全盘规定(omnimoda determinatio)使其成为一个特殊事物而不是一个普遍物,并且

---

① 鲍姆嘉登:《形而上学》(*Metaphysica*)(哈雷,1963年),§148。
② 康德:《全集》,第28卷,第2集,第2部,第1014页;《哲理神学讲座》,第44页。
③ 沃尔夫:《沃尔夫全集》(*Gesammelte Werke*)(哈雷,1962年),第2卷,第3部,第187—189页。参看鲍姆嘉登:《形而上学》,§§53,151。

1. 上帝的理念

构成了那个事物的个体化的根据:

> 拥有一个如此完满的概念以至于能充分地包含、并从自身推论出,这个概念所归属对象的所有谓词,这是一个个体实体或完满存在的本性。相反,一个偶然事物,是一种其概念不能包含所有可归于概念所归属对象的谓词的存在。例如,归属于亚历山大大帝的国王的特性。当从其对象抽象出来时,这个特性没有充分地规定一个对象,也不包含同一对象的其他特性——这个王子的概念所包含的任何其他特性。相反,由于看清了这个个体概念或亚历山大的此性(haecceitas),上帝同时在其中看到了所有可以真实地表述他的那些谓词的根基和理由。①

或许要考虑到,康德没有必要赞同这些奢侈的形而上学观念。难道他没有很好的理由,拒斥莱布尼茨关于所有真理都是分析的观点吗?他不是坚持认为我们所有的真知识,不论是先天的(a priori)还是经验的(empirical)部分,都是关于综合命题的。这些综合命题中的谓词没有包含在对象的概念中,因而也不能以任何方式从其中分析出来。

---

① 莱布尼茨:《哲学著作》(Philosophische Schriften),C.J. 格哈特(C.J.Gerhart)编(柏林,1890年),第7卷,第311页,第4卷,第433及以下各页。莱布尼茨:《哲学著作集》(Philosophical Writings)英译本,帕金森(Parkinson)编(伦敦,1973年),第77、第17及以下各页。不管怎样,由于康德的理论没有提供这种准备,康德很显然没有把关系属性(例如,作为一个国王)看作事物的个体化必不可少的规定。

事实上，康德否认我们的任何知识可以从对概念的分析中获得。早在1755年的著作《新解释》(Nova dilucidatio)中康德就着手与广泛接受的莱布尼茨论述这个问题的观点展开争论。在讨论理性主义的充足理由律的时候，康德区分了rationes cur，解释为什么一个规定内在于对象之中的理由或原因，和rationes quod，思考某物如此的理由，或我们关于对象以如此方式被规定的知识的根据。rationes cur 也被叫作"在先规定的理由"(rationes antecedenter determinans)，rationes quod 也被叫作"在后规定的理由"(rationes consequents determinans)。前一类理由在构造对象本身时，"在先地"（本体论地）规定一个对象，但它没有提供我们规定这个对象或认识这个对象的属性的途径。我们的知识反而必须从某些概念出发，通过"在后规定的理由"进一步规定这些概念。①

在批判时期的著作中，康德坚持认为矛盾律，"所有分析判断的最高原理"，只为我们提供了真理"必不可缺的条件"(a conditio sine qua non)，它不是真正的先天知识从之导引出来的一个原理（像莱布尼茨所宣称的）。② 按照康德的观点，分析判断是那些谓词包含在主词的概念中的判断。相反，综合判断是谓词不能在主词概念的内容中发现的判断。分析判断只能服务于解释或阐明我们的概念，本身不能给予我们知识。其内

---

① 康德：《全集》，第1卷，第388-390页。参看：英格兰《康德的上帝概念》，第220-222页。

② 《纯粹理性批判》，A 59/B 84，A 150/B 189。

1. 上帝的理念

容为这些判断所依赖的那些概念，甚至也要以只有通过它知识才能产生的先天综合为前提。①

康德在这一点上与莱布尼茨传统的分歧，尽管十分重要，却倾向于遮掩他与这个传统在相关问题上的一致。康德认为我们所有的知识，都是从一些具有给定内容的概念出发——通过把那些在它们内容中找不到的谓词添加到它们之上，进一步规定这些概念而得到的。（在经验知识的情况下，添加以这个概念所指称的对象的经验为根据；在先天综合知识的情况下，是以可能的经验为基础。）可是，康德说，尽管一个综合判断中的谓词没有包含在主词的概念之中，但是，如果这个判断为真，这个谓词就与那个概念相联结，因而"归属于"它。"尽管我没有把谓词包括在……（主词的）概念中，可是这个概念仍然通过其一部分表示（signify）了这个对象的全部经验；这样，我能够把这个经验全体的其他部分添加到第一部分上去，就像某种东西归属于它。""尽管这一个概念不被另一个所包含，作为同一个整体的部分，它们仍然互相归属，即使仅仅是偶然性的。"② 康德认为，我们所有的概念都是"局部的概念"，因为它们都不是完全规定了的个体表象，仅仅是递推的表象——虽然没有把完全规定包含在它们的内容中，却表示（signify）了充分规定的个体的全部经验。当我们把新的谓词（综合地）添加到表示一个给定个体的某些普遍概念时，我们

---

① 《纯粹理性批判》，A 9 及下页/B 13 及下页。
② 《纯粹理性批判》，A 8, B 12。

就朝那个个体的完全规定走近了一步。

在拒绝了所有真理都是分析的观念的同时,康德也保留了莱布尼茨完满个体概念理论中的几个重要观点。首先,他把每个个体的真实构造描述为对那个个体为真的所有谓词组成的完满整体。其次,他认为这个整体包含了个体的通盘规定,即关联于每一对可能的矛盾谓词而对这个个体的(本体论的)规定。最后,他保留了莱布尼茨的知识的理想,即已知个体的通盘(认识论的)规定。在这一点上,康德和莱布尼茨尤其不存在真正的分歧。很清楚地是,莱布尼茨和他的追随者都不曾相信我们关于事实的偶然真理建立在关于它们的个体概念的分析基础上。对莱布尼茨,和对康德一样,一个个体的完满规定,是一个无限定的任务,原则上讲我们永远也不会完成的任务。唯一的区别在于,对莱布尼茨来说这个任务是一个无限定的分析(类似于无理数的小数扩展);而对康德来说,这是一个综合的任务,一种对以直觉、概念,和通过它们而实现的判断、推理为基础获得的信息加以吸收和系统化的任务。

通盘规定的原理

莱布尼茨把个体的完满概念的整个集合描述为"可能性王国",[①] 就像在上帝的知性里发现的那样。显然,他认为一个个体的可能性以某种方法依赖于或存在于神智把这个个体的概

[①] 莱布尼茨:《哲学著作》,第2卷,第42页;参看莱布尼茨:《哲学著作集》英译本,第56页。

1. 上帝的理念

念描绘为完满或通盘地规定了的事实之中。在制定"通盘规定的原理"时,康德似乎遵循了这条线索。他把这个原理看作一个为个体事物的实在可能性奠立基础的先验原理。关于其可能性,每一事物都要遵从通盘规定的原理。依据这一原理,事物的所有可能的谓词,各与其对方处于对比中,而且其中一个必然归属于它。

康德极力把这个原理和排中律区分开来。但是他这样做的企图不容易弄明白。他把排中律叫作"可规定性原理",在相关于不包含在其中的东西方面支配着每一个概念。依据它,"每一对矛盾对立的谓词只有一个可以归属于一个概念。这个原理以矛盾律为基础,因而只是一个逻辑原则。"① 可是,任一对矛盾中至多有一个可归属于一个给定概念的原理,不只是仅仅立足于矛盾律,它就是矛盾律。排中律相当于一个补充原理,它说每一对矛盾中至少有一个必须归属于任何给定对象。然而,就处在它们的内容范围之外的每一对矛盾谓词而言,无人想把这个原理应用于普遍概念。这就相当于,作为一个逻辑问题要证明,人类的普遍概念相关于年轻/不年轻,聪明/不聪明等等,是被规定的。因此,排中律似乎只有假设它应用到个体事物上才是可理解的,个体的概念必须总是相关于每一对矛盾谓词而被规定的。可是,以这种方式解释,仅仅是逻辑原理的排中律,似乎恰好与康德的通盘规定的先验原理一致。

---

① 《纯粹理性批判》,A 571/B 599。

重要的是要记住，无论如何，逻辑矛盾律和排中律，只在任何给定的一对矛盾规定一个概念的可能性的问题上指导我们。前者说一个概念可以在任何一对矛盾中被至多一个所规定，后者说，对任一个体概念，任何给定的一对矛盾中的一方必须归属于它。两个原理中没有一个谈到这样的矛盾谓词的全体集合，甚至没有一个要求设想如此谈论是有意义的。无论如何，通盘规定的原理主张，一个个体事物的实在的可能性依赖于它的个体概念的完满性，依赖于在一个概念中把确定它为它所是的特殊物的诸谓词独特地结合起来的可能性。因此，不像排中律，这个原理要求我们思考所有矛盾谓词的全体。用康德的话说，"每一种存在物都是通盘规定的"，通盘规定的原理，"不是意味着每一对给定的矛盾谓词中的一个必须归属于它，而是意味着每一对所有可能的矛盾谓词中的一个必须归属于它……每一个概念的可规定性从属于在两个矛盾谓词之间的排中律的普遍性；一个事物的规定却要从属于所有可能的谓词总和的全体性。"① 此外，康德认为设想一个个体事物的可能性，就是想象真实地通盘规定它可能是怎么样的（即，想象某种理性程序，通过这个程序可以知道每一对可能的矛盾谓词中的哪一个归属于它）。可是，矛盾律和排中律都不能对这个程序可能是什么告诉我们任何东西，也不以任何方式要求我们为如此可怕的问题焦虑。然而，通盘规定的原理，通过坚持一个个体

---

① 《纯粹理性批判》，A 572/B 600。

1. 上帝的理念

事物的实在的可能性依赖于它的完满概念的可能性，驱使我们为之担心。

绝对实在的可能性

恰好同时，另一些问题或许令我们更加焦虑：康德断言一个个体事物的可能性依赖于其与所有可能谓词全体的关系，康德通过这个断言意指了什么？他在此谈论的是何种可能性？为什么他认为他的通盘规定的原理是正确的？

根据康德，模态概念（即，可能性、实在性、必然性）永远不会表述它们所陈述事物的任何真实属性，取而代之，只表示那些事物与一个思考它们的灵魂或智力官能的关系。（这是一个支撑他对本体论证明进行驳斥的信念，也是当他说模态的先天原理不是"客观综合"的时候所意指的信念。）① 康德在逻辑可能性和实在可能性之间做了通常的区分，前者存在于一个概念不存在矛盾的时候，后者的要求要远远多于这些。

康德认为，所有的可能性都存在于这种或那种意义上的"可思考性"之中。当然，这并不意味着可能性要依赖于心理因素。在与可能性相关的意义上，可思考性必然与概念和必然的规则及条件的关系相关，我们是通过概念来思考某物，而必然的规则和条件则支配着思考某物的官能的活动。在逻辑可能性的情形下这是清楚的，康德认为逻辑可能性就是一个概念的

---

① 《纯粹理性批判》，A 219/B 266。

不矛盾性。一个矛盾的概念在这个意义上是不可思考的：构造这样一个概念就已经违反了普遍逻辑的一个基本原理"或思想的绝对必然规则——没有它们就会没有知性的任何正确使用"。① 思考就是使用知性。在我们思考一个自相矛盾的概念的时候，就违背了知性的一条绝对必然规则，因此这里的知性使用就不是真实的使用。由于思考一个自身矛盾的概念就等于没有真正思考，因此每一个此类概念在那种意义上就是"不可思考的"。

在经验性思维的预设中，康德把经验对象的实在可能性描述为它们的概念与可能经验形式条件的一致。这些可能经验的形式条件是由数学真理和纯粹知性的综合法则（例如因果关系法则）制定的。这里的可能性意味着一个可能经验知识候选对象的可思考性。② 正如《纯粹理性批判》这部分的标题所提示的，所讨论的可能性是经验的可思考性。康德当然不是说超越的对象（那些与可能经验的形式条件不一致的概念，例如自由因）都（真）是不可能的。他仅仅是说这些对象作为经验知识的对象是不可能的。康德认为，因为我们所有关于对象的知识都依赖于它们对于我们来说的可经验性条件，结果就是，超越对象的实在可能性或不可能性是我们不能认识的。

---

① 《纯粹理性批判》，A 52/B 76。
② H.J. 帕通（H.J.Paton）论证说，和第一印象相反，在这个经验可能性的阐述中，不存在恶性的循环论证。《康德的经验形而上学》（*Kant's Metaphysic of Experience*）（伦敦，1936年），第2卷，第354及以下各页。

1. 上帝的理念

值得注意的是,在经验思维的公设的段落里,康德对我们实在可能性概念的经验性使用提出了更严厉的限制。他说,我们对这个概念的运用,必须一直与现实知觉所给定的东西相关。经验可能性的可认识领域,在康德看来,从来不包括仅仅是与事实相反的条件被假定满足时所可能发生的事情,尽管那条件本身与可能经验的形式准则绝不会相矛盾。例如,假设布鲁图斯没有在3月15日刺死凯撒,4月1日凯撒就仍然是罗马皇帝。现在如果布鲁图斯没有在3月15日刺死凯撒,可能经验的形式条件就一点也不会被违背,因此,我们会被诱导做出结论说,凯撒在4月1日可能曾经是皇帝,也存在着他那时仍然还是皇帝的实在可能性。但是,据康德说,"在本身仅仅是可能性的条件下所可能是的事物,是不能在所有方面都可能的",或是"绝对可能的"。① 相反,它仅仅在与这些(与事实相反的)条件的关联中,才是可能的。那么,对于与事实相反的条件本身而言,也是如此:如果某些远一点的与事实相反的条件被满足,布鲁图斯就不会刺死凯撒(举例来说,如果布鲁图斯改变了主意,或如果被凯尔弗妮娅的噩梦所劝阻,在3月15日没有到元老院去)。因此,如果谈论的是可以经验认识的实在可能性,那么,每一种可能性仅仅相对于确定的(事实上的或与事实相反的)设定才是可能的。在康德看来,没有什么事物

---

① 《纯粹理性批判》,A 232/B 284。

能"绝对地"或"在所有方面"都可能地被认识。①

在这里康德批评的靶子是所有那些哲学家,他们认为自己能够解决可能性的领域是否大于实在性的领域的问题,以及事物的实际进程是否是必然的或仅仅是偶然的。他的靶子特别是莱布尼茨的断言,即,除了现实世界,存在着我们也可以认识的可能世界。对于康德,这是一个我们永远也不能期望确立也不能反驳的断言。从经验中给予的东西出发,我们永远不能推断"多于一个无所不包的单一经验是可能的;离开了给定的东西,这个推论获得的可能性会更小。"康德认为,所有此类关于可能世界的断言使用了"绝对可能性"的概念——被设想为在所有方面都(真实)可能的某种东西,而不是仅仅相对于一个给定的经验过程或相对于某些与事实相反的假设。"事实上,绝对可能性(在所有方面都可能的)不再是知性的一个概念,绝不会有经验的使用。相反它只属于超越于知性的所有可能的

---

① 在辩证篇,康德区分了"绝对"的两种直接相反的意义,这是应用到像可能性和必然性这样的概念上的意义。在一种意义上,"绝对可能性"是指可能性本身或内在可能性,被看作是从外在环境抽离出来(这环境会使其变得不可能)。在另一种意义上,"绝对可能性"是指"在所有方面"都可能,或者是"在每一种关系中"都可能,不排斥外在环境的一切(《纯粹理性批判》,A 324 及下页/B 380 及下页)。似乎显然,在经验性思维的公设中,康德心中的是第一种意义的绝对可能性。但是,康德不需要在这两个段落以直接相反的方式使用"在所有方面"短语,来使读者困惑。可解释为,在辩证篇的段落中,康德对绝对必然性的概念比对绝对可能性的概念有更多的兴趣。他的目的是把其存在是内在必然的概念,和其存在是从与每一种可能性的联系上考虑都必然的概念,区分开来。如同我们在下面要看到的,自从1763年《上帝存在唯一可能的证据》的文章始,康德坚持认为绝对必然存在的第一种意义是完全不合法的,在那篇文章里他论证说,在与所有可能事物的联系中考虑,上帝存在是绝对必然的。

1. 上帝的理念

经验性使用之上的理性。"因此,经验性思维的公设就不是讨论这个概念的恰当地方。"因此我们在这一点上必须满足于一个仅仅是批评性的评论,直到处置它的时机到来之前,我们只好把问题留在晦暗处。"①

后面的这个暗示本身相当模糊,它或许指的是"纯粹理性的理想"对通盘规定原理的讨论。不管怎样,这是辩证篇讨论可能性观念最重要的地方。被设定为通盘规定原理的对象的事物的可能性,的确非常符合公设篇谈论的"绝对可能性"的概念。如同我们看到的那样,它不是一个仅仅逻辑的可能性,因为它的原理不是从普遍逻辑的原则推导出来的。因此,它是一种实在可能性。不过,由于它是一个应用于普遍物(独立于普遍物与可能经验关系)的可能性,它也是一个仅仅属于理性的概念。而且,普遍个体的先天可能性似乎与莱布尼茨的可能性概念完全符合。莱布尼茨的可能性概念理应属于每一个不管是现实的还是非现实的可能世界的所有个体居民。

如果这猜测是正确的,那么康德的通盘规定原理就详细说明了一个具有绝对实在可能性的个体物的条件。这里像别处一样,可能性对康德来说意味着可思考性,表达了一个事物和思考该事物的思维官能之间的关系。绝对可能性,正如我们所见,是一个理性概念,表达了一个事物的仅仅是通过理性的可思考性,与知性的经验应用的任何条件相分离。

---

① 《纯粹理性批判》,A 231 及下页/B 284 及下页。

思考一个对象通常就是形成这个对象的一个概念。无论如何，每一个概念必须具有两个特征：一个是"形式"，由知性范畴先天地供给；一个"是内容"（内涵或强度），由直观供给，给予概念一个它所指称对象的可能性存在于此。① 可是，严格地说，这个解释只适用于经验概念和图型化的范畴，即适用于通过它对象的知识才可能的概念。因为康德坚持认为通过纯粹范畴我们可以思考由于没有对它们的感性直观我们永远不能认识的对象。借用康德的用语，我们可以说此类概念是"空洞的"或"存疑的"概念：由于不具有确定的直观内容，它们是"空洞的"；由于它们在其中表述对象的判断没有一个可以在任何时候被验证或否证，它们是"存疑的"。像本体或物自身一样的对象概念都是这类概念。产生辩证难题的理性理念也是此类概念。

对康德来说，由于没有绝对可能事物的例子在直观中可被给予，绝对的实在可能性的概念显然是一个空概念。可是，同样真实的是，就我们把个体事物思考为绝对可能的而言，我们所有的个体事物的概念，必然也是空概念。这是清楚的，不仅由于绝对可能性概念的空洞性质，而且由于一个事物的绝对可能性所由以构成的可思考性的种类。绝对可能性在于一个事物仅仅通过理性的可思考性，它与知性的任何经验的可能运用无关。这意味着一个绝对可能的事物的概念必然是一个与可能的

---

① 《纯粹理性批判》，A 239/B 298。

1. 上帝的理念

直观没有任何关系的概念:换句话说,只是一个空概念。

康德常常断言我们的很多空概念(本体事物的概念、上帝的理念、自由和灵魂)是逻辑上可能的(即,不自相矛盾)。或许看起来,这是在空概念的情况下仅有的能产生意义的一类可能性。此类概念的特点是它们没有直观内容,完全是一种思想的空形式。所以,或许看起来,能够适用它们的可思考性的唯一类型,就是纯形式的或逻辑的可思考性,或不矛盾性。可是,康德坚持认为,绝对可能性——在纯粹理性的理想那里讨论到的个体事物的可能性,不是逻辑的可能性一类,而属于实在的可能性。如此一个先天地实在可能性概念在康德的谋篇布局中有任何位置吗?在这里康德不仅仅是违背了他自己的原理吗?

一旦我们明白康德的绝对的实在可能性的概念有可能怎样从这些反驳中被解救出来,我们将走上正确的道路,弄明白为什么他认为通盘规定的原理为此类可能性确定了条件。一个个体物的普遍概念,作为完全先天地可思考的某物,是一个空概念,一个没有任何确定的直观内容的概念,这是确实无疑地。不过,这个概念中仍然存在着某物指称(如果只是空洞地和不确定地)这种内容的空间。因为每一种此类内容都被我们思考在实在范畴之下;这个范畴必须作为一个普遍的个体物的先天概念的一部分被运用,好像指称着那个空位置。如果这个概念是一个纯血统的经验概念,在这个空位置该概念的直观内容就会被发现。可是,这个事实自身不能产生超出不矛盾性的可思考性的任何新的种类。

但是我们必须也记住，这个概念不应该恰好是任何概念，却应该是一个个体概念，一个与所有他事物区分开的特殊事物的概念。当然，把一个个体与所有他物区分开来的东西必然是它的诸特性独特的组合、它特有的实在和否定。单从空洞的实在范畴出发，我们不能朝着此种区分迈出一步。无论如何，我们可以把实在必须如此以使其成为一个个体概念的要求包括在我们的个体物的概念中，这要求适宜于把作为个体的它与其他的所有个体区别开来。然而，这个要求，超出了仅仅不矛盾的要求后者适用于所有概念，并且对应于纯粹逻辑的可能性。除此之外它要求，概念中所思考的实在，应当被想成如此构成，以使其成为区别于每一个其他个体物的一个个体物的概念。

如何去先天地思考如此构成的概念的真实内容？显然，答案是把这个内容思考为对于所有可能的矛盾谓词都是完全规定了的。因为，正如莱布尼茨、沃尔夫和鲍姆嘉登都讲得清楚明白的，思考一个没有规定的概念就是思考一个普遍概念，这个普遍概念原则上可以应用于多于一个的个体，因而不能服务于对一个个体的识别。所以，先天地思考一个个体物必定是思考那些具有一个完满概念或被通盘规定的个体物。然而，一个个体物的绝对可能性在于其先天的可思考性。结论就是，对个体物而言的绝对实在可能性的原理，就是它们的关于所有可能矛盾谓词的通盘规定。

1. 上帝的理念

实在的总体

设想一个普遍物为真正先天可能的，就是设想其为完全规定的。为了给予此类概念某种具体性，康德设想能够先天地完全规定一个个体物将是什么样的；即，通过某种理性程序，确定所有矛盾谓词的对子中每一对中的哪一个归属于所讨论的个体。当然在这里完全可以真正提出探究的提议。一个现存事物的完全规定（不提它的先天地完全规定）是某种远超出我们认识能力的事情。康德相信把通盘规定的原理视为一个特殊事物的完全知识的理念是可能的。依据康德，通盘规定的原理"意味着这些：为了完满地认识一个事物，一个人必须认识每一种可能性，必须由此肯定地或否定地规定它。"①

康德用来表述先天地获得完全知识过程的工具是选言推理，或否定后件的假言推理："一个概念通过理性的逻辑规定依托一个选言推理，在其中大前提包含着一个逻辑分割（一个普遍概念外延的分割），小前提把外延限制到其中的一部分，结论由此规定了该概念。"② 康德在心中似乎有如下一个三段论：

大前提：每一个温血动物或者是鸟类或者是哺乳类。

小前提：这个温血动物不是一只鸟。

结论：所以，它是一只哺乳动物。

这个三段论推理的大前提有一个普遍概念（"温血动物"）

---

① 《纯粹理性批判》，A 573/B 601。
② 《纯粹理性批判》，A 576 及下页/B 604 及下页。

并且它的外延分割成互相排斥、结合起来穷尽所有外延的两部分（"鸟类"和"哺乳动物"）。通过否定另一部分（鸟类），小前提把一个特殊的主词（"这个温血动物"，例如，这个鸭嘴兽）限制到其中的一部分。那么，三段论的结论对主词剩下的外延做了判断，从而规定了它（作为"哺乳动物"）。

根据康德，对一个个体物做通盘规定所用的普遍概念是"实在一般的普遍概念"。可是，康德说，这个普遍概念"不能先天地分割，因为离开了经验我们就不能认识任何可以包含在这个属之下的确定的实在种类。"可是，传统本体论在这里救了我们。因为这个本体论告诉我们，实在概念是一个强度量的概念。当然，一般而言，经验永远也不会向我们呈现一个近似于无限或绝对极限的实在程度。但是，如果在我们构思通过纯粹理性对对象先天地进行通盘规定的尝试中，我们允许自己想象实在具有此种最大值，那么，将清楚地看到解决我们问题的途径。因为，如果我们形成一个把所有可能的实在包含在内的总和的概念，那么我们可以先天地描绘出一个把实在的普遍概念分成不同类别的划分——通过描绘出一个把"总和"分成两个互相排斥部分的划分的方式。

这样，所有事物通盘规定的先验大前提不过是一个关于所有实在总和的一个表述，它不仅仅是一个——就所有谓词的先验内容而言，包含所有谓词于其下的概念，而且是一个包含所有它们在其中的概念。并且每一事物的通盘

1. 上帝的理念

规定有赖于对这个实在总和的限制——它的一部分归属于这个事物,而其他部分被排除了。这与选言推理大前提的"非此即彼"一致,也与小前提中通过这个划分的一部分对对象的规定一致。①

在这个段落,康德"本体论空间"的比喻是非常有生命力的。实在的总和包含所有实在于其中,正如在感性论中,康德说一个无限的空间包含所有的有限空间于其中。其中描述的三段推理或许可以通过空间比喻的方式很好地加以表现。像我们曾经做过的,让我们想象,逻辑空间被分成了一个"亮的"部分和一个"暗的"部分。空间的亮的部分相当于一个实在的集合或聚集,我们命名为F。与其相补充的空间部分将包括余下的实在,对它我们命名一个集合名词G。现在对空间的任何一种此类划分,将恰好有一个绝对可能的个体A,使得下面的三段论推理的两个前提是真的:

A 是 F 或 G。

A 不是 G。

所以, A 是 F。

现在,通过"A 是 F",我们意指 F 中的所有实在都可能成为 A 的真实谓词,并且通过"A 不是 G"我们意指 G 中的实在没有一个可以成为 A 的谓词。所以,通过"A 是 F 或 G"我们意

---

① 《纯粹理性批判》,A 576 及下页/B 604 及下页。

指F中的所有实在或者G中的所有实在可以叙述A（这里的"或"可以是相互排斥的或互相包含的；三段论的小前提取消了这个差异）。可是F和G是通过对所有实在"总和"（整个本体论空间）的一个彻底的分割建立起来的。因此，三段论许可我们就每一个可能的谓词对概念A进行通盘地规定。任何给定的谓词P，其先验内容肯定是以某种方式（肯定地或否定地，合取地或析取地）从F或G所包含的实在中获得的。例如，如果P是取自F的谓词和取自G谓词的一个肯定的析取，那么我们知道P的确属于A的概念。如果它构成一个对同样谓词的否定的析取，那么我们知道它就不属于A。对任何其他谓词来说情况是一样的，无论其结构其复杂性会怎么样。通过描绘A的通盘规定，这个三段论通过一个完满的概念表述了它的绝对可能性或先天地可思考性。而且，对任何一个绝对可能的个体，将恰好有一个把本体论空间分割成互补的部分的划分，这个划分许可它的完全规定以同样的方式被描述。

用传统逻辑认可的三种三段论推理的一种来界定三种辩证幻想的每一种，是康德的一个愿望。主要是由于这个愿望，他被诱导来用一个选言三段论来描述一个个体概念的完全规定。在这里不把这个三段论程序看作一个相当笨拙和仿造的经院哲学的装置，是十分困难的。这个三段论的全部工作，是由它的大前提完成的，这个大前提使用了所有实在的总和的概念，并且使用了把它分成互补的两部分的一个分割——这个分割恰好相当于被通盘规定的事物的完满概念。事实上，这也是康德对

1. 上帝的理念

三段论推理感兴趣的唯一特征。为了形成一个绝对可能性事物的概念，我们必须先天地把它思考为对于所有可能的谓词都是通盘规定的。但是，我们仅有的此类谓词内容的先天概念，是纯粹的实在范畴，这种实在是容许有程度和大小之别的一般物。我们形成一个完全规定的概念仅有的机会，有赖于这样一个假设：实在一般容许一个最高程度和最大量。这个最高程度或最大量构成了一个单一的全体，它可被如此地分割使得较小量可以被描述为，完全地描述为，它的不完全的部分。那么，核心的观点就是一个具有绝对可能性的个体事物的理念是一个理性的理念。在形成它的时候，"理性使用了一个先验基底——包括了诸事物的所有可能谓词从中取得材料的整个储备。"如同我们看到的，通过假设实在先天容许的各种程度和大小只是一个最高程度或最大量的实在的诸多限制，这个基底的理念，就从实在的纯粹范畴推导出来。因此这个基底的理念，"不过是一个实在总和的理念。然后，所有真正的否定不过就是限制——如果不是建立在无限（总体）的基础上，它们就不是什么东西。"①

早些时候我们检讨了笛卡尔的论证：有限事物的概念必然把我们引导向无限的或完满的事物的概念，原因是后者被以其为基础的前者所预设。我们驳斥了这个论证，理由是，有限事物的概念，并不像缺乏某些属性的概念预设那个属性的概念本

---

① 《纯粹理性批判》，A 575 及下页/B 603 及下页。

身一样，预设无限事物的概念。例如，有限知识，可被设想为在某个方面能够成长的知识，也可被设想为达不到神的全知的知识。事实上，有限知识的概念可以是完全清楚明白的，尽管全知的概念完全不清楚明白。但是这些同样的证据不能为我们提供理由，来驳斥康德关于一个个体的完满规定预设一个所有实在总和的概念的论证。我们可以通过如下方式尝试避免康德的论证，如果我们说谓词F、G、H……N属于一个个体，再没有别的谓词了，那么这个个体的概念将被通盘规定。但是在这个情形中，常常可以问，我们怎么能确定我们的F、G、H……N的清单完全地规定了这个个体。或许有一些矛盾谓词，它们矛盾的两方当中，没有一个列在我们的名单上，也没有一个可以从名单中所包含的谓词推导出来。康德的要点是，只有假设我们的名单独一地界定了实在的一些限制程度（本体论空间的一些清晰划分的区域或部分），我们才能确信它通盘规定了所讨论的个体。但是如此，就要预设作为单一整体的"所有实在总和"的概念。康德的论证比笛卡尔论证的优越之处在于如下事实，一个事物被限制或为有限的方式是无限的，以至于它可以相关于这些方式中的任何一种而被设想为有限的；但是，它只能以一种方式被设想为通盘规定的。它的完满概念必须包括它被限制的所有方式，以及它不受限制的所有方式。因此，任何通盘规定的个体的观念都有赖于一个"所有实在总和"（omnitudo realitatis）的理念，由此它的通盘规定可以被思考。

1. 上帝的理念

最高实在

"所有实在的总和"的理念,或"本体论空间"(这个空间以不同方式被整体地分割为亮的和暗的,以表达每个事物的构成的形象),相当自然地暗示出一个其构成充满整个空间的事物的理念,或者,用康德的话,"一个永恒的光照亮了的所有空间,没有留下一点阴影。"并且,康德把这样一个存在的概念叫作"纯粹理性的理想"。在康德的术语中,一个"理念"是一个由理性先天地生成的概念(诸如一个单纯的实体或一个没有原因的原因),给定的经验当中没有东西与其相符合。一个"理想",不管怎样,是"一个个体的理念",即,一个只通过它的理念就可规定的个体,更精确地说,被规定的个体。① 像上面我们已经说明的那样,任何个体事物的通盘规定都依赖于和预设着所有实在总体的理念,从这个理念所有可能谓词的先验内容可以派生出来。因为这个理由,任何个体的完满概念都被说成是通过这个理念而被规定的。可是,在任何有限存在的情况下,这个理念必然在内容上与被规定的概念不同。因为这个理念包含着所有存在,而只有其中的一部分属于有限的个体。

只有一个最实在的存在者,或一个认作拥有所有实在总和的存在者,才能通过它的概念或理念得到规定。因此,一个最高存在者的理念或上帝,"是理性能够有的唯一的真正理想。

---

① 《纯粹理性批判》,A 568/B 596。

因为只是在这种情形下,一个事物的概念,一个自身普遍的概念,才被认识为通过自身通盘规定了的。"康德在《哲理神学讲座》中说上帝是"唯一完满的事物"的时候,他所意指的就是这些。因为"只有在此情形下,我有一个其通盘规定与其概念密不可分的事物的例子"。①

然而,一些康德的评论家对从"所有实在总和"到"最高存在者"的过渡的合法性提出了质疑。根据英格兰,由康德的前提的确可以得到,"在任何概念的规定中都预设了一个理性语境——一个特殊概念可以在其中找到自己位置的系统整体。"但是,英格兰发现"令人困惑的"是,康德坚持把他的先验理想思考成"一个理性主义意义上的最高实在"。② 在这里英格兰观点的关键不仅是,"所有实在总和"的概念和拥有这个总和的一个个体事物的"最高实在"概念不一致。康德无疑可以承认这么多,并且满足于如下观察:所有实在总和的理念,特别是考虑到它与个体事物的通盘规定的密切关系,很自然地提示出一个个体事物的先验理想,这个理想拥有所有实在并且只通过它自己的概念而被通盘规定。英格兰的异议毋宁是,康德的本体论不允许他从理性的"系统"或"语境"的概念走向一个最高实在的概念。像康蒲·斯密一样,英格兰认为最实在的

---

① 《纯粹理性批判》,A 576/B;康德:《全集》,第28卷,第2集,第2部,第1014页;参看《哲理神学讲座》,第44页。
② 《康德的上帝概念》,第120及下页;参考:N. 康蒲·斯密:《康德〈纯粹理性批判〉解义》,第524及下页。

1. 上帝的理念

存在者的概念肯定被康德的批判立场所排除了。英格兰和康蒲·斯密两个人都指出,康德在"歧义"篇说,实在之间可能存在真实矛盾(realrepugnanz),诸实在可以真实地或因果地互相否定和限制,就像同一时间作用在同一物体上的两个相等却方向相反的作用力一样,可以彼此抵消,而物体保持静止状态。① 事实上,如果任何两个实在之间存在着任何此类真实的反对,那么,结论似乎就是,不会有一个存在同时拥有所有实在。一个"所有实在总和"的概念因而不仅不同于一个最实在的存在者的概念,恰当地理解的话,它或许甚至排除了这样一个理念。

莱布尼茨提供了一个证明,"所有的完满都是相容的,或者说,可以结合在同一个对象中。"② 实际上,他的论证是,只有一个肯定而另一个否定该对象具有某物时,两个谓词才不相容。依据传统本体论和本体论空间的比喻,这意味着一个谓词肯定对象出现在本体论空间的某个确定的位置(或这个位置对于该对象是"亮的"),而另一个谓词否定它出现在同一地点(或宣布那地点对于该对象是"暗的")。但是,依据莱布尼茨,就任何两个表述同一实在的谓词来说,这种情况永远不会出现。因为,任何两个此类谓词都会与本体论空间的不同地点相

---

① 《纯粹理性批判》,A 273/B 329。
② 莱布尼茨:《哲学著作》,第7卷,第261页。参考《哲学论文和书信》(*Philosophical Papers and Letters*),莱姆克(L.Loemker)编(多德雷赫特,1969年),第167页。

联系，两者中没有一个能否定掉对象空间的任何部分。可是如果没有两个实在可以不相容，那么结论是，所有实在可以相容地共存于同一个对象。

在《哲理神学讲座》和第一批判中，康德承认，莱布尼茨的论证表明，在同一个对象中的所有实在都是逻辑上相容的，即，假设同一个对象拥有它们的全部不会导致矛盾的结果。但是，在康德看来，由于莱布尼茨的证明没有建立起所有实在的实在的或因果关系的相容性，在表达最高实在是实在可能的时候，他失败了。如果诸实在的因果关系的属性是这样的以致互相排斥或取消，那么它们都存在于同一个对象中就是不可能的，并且一个最实在的存在者也是不可能的，尽管在它的概念中不存在任何矛盾。

在其前批判著作中，康德明确地主张诸实在之间存在此类真实的冲突。在论"负量"的论文中，事实上，他把这个冲突看作一个普遍的守恒律，保证了"所有存在的实在的总和，在它以这个世界为根据的范围内，其本身等于零。"① 然而，他很快补充说，这不会取消这个世界的肯定的实在，因为这个世界与其根据（神圣意志）的关系不是完全否定的而是具有与其相关的肯定实在。只有在它的有限组成部分的"内在的实在根据"在彼此关联中被考察的时候，这个世界的实在"等于零"。可是，在同年的《证明上帝存在唯一可能的证据》中，康德好

---

① 康德：《全集》，第2卷，第197页；参看英格兰：《康德的上帝概念》，第69页。

1. 上帝的理念

像得出结论说,实在之间的真实的冲突排除了严格意义上最高实在的存在。由于在那种情况下一个真实的冲突(Realrepugnanz)会出现在它们之间,康德否定了"实在的总和"可以像诸规定一个挨一个地出现在一个单独的对象中一样归属于上帝。他坚持认为,只有在它是所有其他事物中的实在的完全单纯和必然存在的"最终实在根据"的意义上,神性"包含着最高实在"。①

毫无疑问,在《哲理神学讲座》和《纯粹理性批判》中,康德的确设想上帝为一个最高实在,一个其各种规定拥有在所有可能事物中所发现的所有实在的存在者。对于像英格兰和康蒲·斯密那样,按照与其对康德理性主义先驱的形而上学的排斥的方式,把康德的学说看成是批判的,这个转换必然成为一个困惑的、向康德早在60年代已经超越的理性主义立场的逆转。可是,事实上,恰恰是康德的批判学说,特别是他在现象和本体实在之间的划分,使他接受作为一个最高实在的上帝概念成为可能。在"歧义"篇,康德断言"任何地方都出现真实的冲突,以至于A−B=0:即,在同一对象中一个实在与另一个实在结合就消除了它的效果。"② 但是,他明确地把这个冲突的可知情况限制在"必须叫作现象实在的自然中的阻碍和抵消效果……"这样,在坚持批判学说时,康德在可能构成神性的纯粹实在,即本体实在,是否也会以此种方式冲突的问题

---

① 康德:《全集》,第2卷,第85-86页。
② 《纯粹理性批判》,A 273/B 329。

上,采取了一个严格不可知论的立场。像康德在《哲理神学讲座》清楚说明的那样,一个最高实在的实在可能性和实在不可能性都是不能证明的。① 所以,当他们证明说康德的本体论使他承认在一个个体事物中结合所有实在是实在不可能的时候,英格兰和康蒲·斯密所吁求的严格说是前批判的学说。

对康德理论的评估

康德的辩证篇自诩为对一般人类理性工作的一个系统的、详尽的解释,他本人认识到,他的读者也许极易对此感到失望。② 在这个特殊例子中,我们很多人不难做到,把康德对一个最高实在理念理性起源的说明和它的理性必要性的论证看作极其做作和靠不住的。似乎可以确定地是,神的理念,甚至是唯一最高神明的理念,不仅在历史上早于康德借以引出该理念的深奥的形而上学学说,而且似乎本身更易于理解和接受。而且,从初步印象上看,康德的理论就是违反直觉的。在关于抽象的通盘规定的干枯推理,和可以与上帝理念自然结合在一起的宗教态度之间,很难发现任何精神上的亲和性。

---

① 《纯粹理性批判》,A 264/B 320:"如果实在性只是通过纯粹知性(realitas noumenon)来表现,那么在诸实在之间就不可能设想任何冲突,即设想这样一种关系,它们在结合于一个主体中时互相取消其后果。"康德:《全集》,第28卷,第2集,第2部,第1023-1027页;《哲理神学讲座》,第54-58页。

② 《纯粹理性批判》,A xiv:"在这件工作中,我已经把考查的详尽性当作了我的主要目标,并且我要大胆地说,没有一个独特的形而上学问题是在这里得不到解决的,或至少解决问题的线索已经提供出来了……在我说这些话的时候,我相信我看见——面对此类狂妄和不谦逊的断言,我的读者脸上的愤怒与蔑视相混合的表情。"

1. 上帝的理念

首先,必须诚实面对的事实是,康德对上帝概念的主要兴趣不是由对启示宗教、经验人类学或比较宗教的关注所激起的。最有挑战性的说法是,康德的上帝是哲学家的上帝。作为一个启蒙哲学家,康德分享了启蒙运动对所有启示或教会宗教以及所有流行的宗教崇拜的怀疑。他把这些看作迷信、宗教狂热和颠覆理性及人类尊严的道德威权主义的源头。① 如果康德偶尔用他的理性神学来解释流行祭仪的学说或宗教符号,这只是因为他相信,这些祭仪还没有失去它们的适当功能,还在人们心中激发起对道德法则的敬重、道德信仰的态度及与其相随的敬畏。它们的神与理性神学的上帝相似,因为他们是上帝的形象——尽管常常是粗糙和扭曲的。

无论如何,对康德理论的主要反对观点,不是说它是哲学,而是说它是坏哲学——一种从18世纪德国经院哲学借来的做作的巴洛克风格的形而上学,缺乏任何深刻的兴趣或意义。这就是康蒲·斯密在拒斥纯粹理性的理想的第2节的时候,心里所想的。他认为第2节"恰恰是整个批判著作中,最陈旧的一段理性主义论证。它风格上不仅仅是莱布尼茨的而且是沃尔夫的……在这里,似乎是,康德并非完全是不带同情地回想起了他做学生那些年的功课。"② 在这些陈旧观点的复述中,康蒲·斯密能看到的唯一的正面价值是"通过相比较,它

---

① 康德:《全集》,第28卷,第2集,第2部,第1002、1118页;《哲理神学讲座》,第31页,第160及下页。
② 康蒲·斯密:《康德〈纯粹理性批判〉解义》,第522页。

们能使他把他自己批判学说的结果表达得更加明确。"

我相信，没有人愿意争辩说，康德的理性理想理论，是批判哲学极富创新性和革命性的组成部分。但是，康蒲·斯密在这里的解释，在我看来，包含了一个从若干方面看都严重错误的评价。首先，康蒲·斯密暗示这个理论与康德的批判观点相违背。我们刚才已经看到，认为纯粹理性的理想忽视了表述在"歧义"篇中的实在间存在真实冲突的学说，是没有根据的。可是，我们也看到，尽管有很多莱布尼茨因素在其中出现，康德对上帝理念起源的解释，仔细地重新阐述了这些莱布尼茨学说，以至于它们能与批判哲学相吻合。康德的理论建立在自己对传统形而上学解释的基础上，就像他的质的范畴，范畴在图型论及知觉的预测中表明的那样。它也建立在康德对莱布尼茨绝对可能性概念的解释基础上，如同经验性思想的公设中描述的那样。在康德的表达中至少有一些给予我们理性主义深刻印象的东西，必须归因于这个事实——他正企图在批判的背景里，在心中保持知性和感觉，纯粹思想和经验思想，分析和综合，逻辑的、实在的和绝对的可能性之间的清晰差别的情况下，阐释莱布尼茨的这些观点。

我们以一个康德的课题是什么样的实在论观念，看待他的上帝理念理性起源的理论的时候，也必须小心谨慎。一个鉴定上帝理念的理性起源和证明其理性必然性的企图，不是先天地建构宗教人类学的企图，也不是任何人获得这个理念实际上通过的心理过程的描述。相反，这是一个显示，在阐释通常接受

1. 上帝的理念

的一组形而上学预设的含义的过程中,最高实在的概念怎样自然地甚至不可避免地产生出来的企图。我们可以说,这个课题不是人们实际上怎样获得上帝概念的一个描述,而是展示为什么一个哲学地思考的人最好还是拥有它。自然,任何此类课题必须相关于一组特别的形而上学预设才能从事研讨,而且某些形而上学理论无疑缺乏用来建立上帝理念的理性必然性论证的任何材料。需要指出的恰恰是,就像康德自己很清楚地看到的,他的形而上学不缺少这些材料。

在康蒲·斯密把康德的理论描述为"不仅性格上是莱布尼茨的,而且是沃尔夫的"时候,他的主要目的是,把它与康德的理性主义前辈的不够深刻和不够原创捆在一起,贬低为枯燥的和令人乏味的。可是,就事论事地讲,这个评论恰恰是不准确的。可以在莱布尼茨的一些手稿中发现康德思路的提示,但是在沃尔夫和鲍姆嘉登那里甚至不能发现与其近似的东西。沃尔夫对上帝理念起源的唯一解释,实际上仅仅是我们前面谈到的笛卡尔论证的一个没有想象力的复述。没有人在康德之前似乎明确地论证过,上帝理念从被所有将一般个体事物视为通盘规定的并因此是绝对可能的企图所预设,得到其理性起源。不管好坏,康德的理论是康德原创的。

当然这不是说,康德是论证我们的有限事物概念以某种方式暗示或预设上帝理念的第一个哲学家。康蒲·斯密说康德的这个理念起源的理论是"陈旧的"。如果我们用"陈旧的"这个词表示它属于一个哲学思考的长久传统,那么,这是相当正确的。不完美的事物可以用来提醒人类理智想到作为第一因的完美存在者,并且这个存在者的理念在概念的次序中有一种优先性,与属于神圣对象在事物因果关系次序中的优先性相对应。这些思考属于西方神学和形而上学的主流。我们看到,这种观点的不同版本可以在笛卡尔、莱布尼茨、沃尔夫那里找到,并且同样已经在斯宾诺莎和马勒布朗士著作中发现了。在经院哲学的传统中充斥着此类观点的早期叙述。圣奥古斯丁说:"我看到所有有限事物都在你里面,这不是因为你是一个住所,而是因为你在你的真理之手中持有所有事物,而且它们就像它们存在那样是真的。"圣托马斯称上帝是作为所有事物"共同标准"的"普遍完满的存在者"。对一个最实在存在者理念的理性必然性的笛卡尔的和康德的论证,圣波那文图拉都非常有力地做了暗示。在《心灵迈向天主的旅程》中,他复述了阿威罗伊的原则,"缺乏和瑕疵除非通过明确其位置否则就不能被知晓",并且进一步从此得出结论,"除非获得对最纯粹、现实、完满和绝对存在者的理解的支持,我们的理智不能对任何被造物达到充分透彻的理解。"①

---

① 圣奥古斯丁:《奥古斯丁著作集》(*Opera*),《拉丁教父集》(*Patrologia Latina*),J. P. 米涅 (J. P. Migne) 编 (巴黎,1861 年),第 32 页,c. 744;参考《忏悔录》(*Confessions*),8,15 (巴尔的摩,1961 年),第 150 页。圣托马斯·阿奎那:《反异教大全》(*Summa Contra Gentiles*),里昂奈 (Leonine) 编 (里昂,1950 年) 1, 28, 8.。圣波那文图拉 (St. Bonaventure):《圣波那文图拉著作全集》(*Opera Omnia*) [卦拉基 (Quaracchi),1891 年],第 5 卷,第 304 页;参看《圣波那文图拉著作集》(*Works*) (帕特森,新泽西,1960 年),第 1 卷,第 30 页。

1. 上帝的理念

因此，康德"纯粹理性的理想"第2节的理论，深深地扎根于一个哲学和宗教思想的长久传统。它使用莱布尼茨的绝对可能性概念及其与莱布尼茨完满个体概念的关系，充实了笛卡尔对上帝理念的理性必然性的论证，借此它发展了这个传统。并且它是在康德自己本真的（authentically）批判观点的范围内，小心地做到这一切的。或许是，在这一点上整个传统仅仅讲述了"一个不够信服的故事"。尽管如此，康德的版本必须算作它的最精致和有思想的一个修订本。

所有可能性的根据

康德的上帝存在证明

康德把上帝描述为"逻辑上最本源的存在者"（ens logice originarium），这是因为，着眼于通盘规定的一个理想过程，每一个个体概念都是从上帝的概念派生出来的，而同时，独有这个上帝的概念是源始的，和完全非派生的。可是，康德也简单地说上帝就是最本源的存在者（ens originarium），好像他是物自身的根据和原因。正如我们刚才注意到的，在康德的经院哲学和理性主义先驱者那里，这两种"本源性"是紧密结合在一起的。他们认为在事物概念间的理性的或逻辑的次序和事物间的因果关系的次序之间存在着密切的关联。他们认为，所有事物都有是其所是而非他物的充分根据或充足理由，这个根据最终存在于事物的概念从中派生出来的某些概念。① 因此,上帝概念的非派生地位和它对所有其他概念的优先性,对他们来说,与上帝自身在本体论和因果关系上的优越地位紧密相连。因为这个概念是唯一可以完全"通过自身"而构成的,独有上帝在其自身包含着它自己的根据或理由,因此唯有他独立地和必然地存在着。以相似的方式,其他事物的概念是通过最高实在的概念而被思考的,这意味着,它们的存在按照因果关系依赖于上帝的存在。简而言之,上帝概念的独特地位与它的存在的本体论和宇宙论论证有紧密的联系。

早在1755年他的拉丁文著作《新解释》中,康德就偏离了这种一般思路。在这部著作中康德驳斥了沃尔夫一个实体可以把它自己存在的根据包含在自身的原则,并且与此相结合,他提出了对本体论论证的批判。② 八年后在其重要论文《上帝存

---

① 斯宾诺莎坚持认为上帝是"通过自身而设想的"并且"没有上帝就没有事物可以存在或被设想"(《伦理学》,1,a.88 和 第xv 页)。沿着这些相同的思路,莱布尼茨在早期的一篇手稿中主张"任何我们所设想的事物,或者是在其自身被设想,或者涉及到其他事物的概念,"在排除了无穷后退的可能性后,他从此推论出"如果没有事物通过自身而被设想,就没有任何事物可以被设想。"他继续猜测道,"只有一个事物是通过自身而被设想的,即上帝自身,除此之外只有无或缺失。"因此,他理想化地说,所有事物可以"被分解成上帝和无",正像在二进制中所有数字可以被表示为0和1的结合。L. 古图拉特编,《莱布尼茨未刊小品文和断片》(*Opuscules et fragments inedits de Leibniz*)(巴黎,1903 年),第429-431 页。参看英译莱布尼茨《哲学著作集》,第1-3 页。

② 康德对沃尔夫的驳斥,在这一点上与阿诺德(Arnauld)在同一问题上对笛卡尔的驳斥相同:由于每一种根据或原因都先于它的结果,并且没有什么东西可以先于自身,因而,上帝不能包含他自身的存在理由(ratio essendi)或成为一个自因(causa sui)。康德:《全集》,第1 卷,第394-395 页;参看英格兰:《康德的上帝概念》,第223-224 页。参看笛卡尔:《全集》,第7 卷,第208 及以下各页;《哲学著作》英译本,第2 卷,第288 页及以下各页。

1. 上帝的理念

在证明的唯一可能根据》(1763)中,康德进了一步,对本体论和宇宙论论证的批判更详细、更有特色。《根据》一文一开始就反驳了本体论论证和包含在其中的必然存在者的概念。康德坚持认为,存在或生存不是一个"实在",因而不能组成任何谓词的内容或被包括在任何对象的概念之中。相反,它相应于一个概念绝对"设定"(Setzung)一个对象。因此,没有任何事物其不存在可以自相矛盾,在这个意义上,也没有任何事物其存在是必然的。然后康德进一步反驳了沃尔夫版本的宇宙论论证。他认为,由于它预设了同样不合法的逻辑上必然存在的概念,因而陷入了和本体论证明同样的错误。[①] 因此,康德在《根据》一文中对传统证明的批判,基本上与几乎20年后的《纯粹理性批判》中更著名的对先验神学的攻击相同。

可是,《根据》远不是一个对先验神学的反驳。相反,它不仅包含着一个上帝存在的先天证明,而且包含一个对必然存在概念的辩护,并且企图把上帝概念的"逻辑本源性"与作为所有其他事物根据的最高存在的逻辑优先性联系在一起。在这篇文章中康德抨击的对象仅仅是一种必然存在的确定概念。他的真实目的是要阐释一种更有辩护能力的概念,并表明其使用在有神论证明中的更大优势。

《根据》的证明——早在《新解释》中就曾经提出来了,企图表明最实在的存在者的存在是必然的,因为它是所有可能

[①] 康德:《全集》,第2卷,第72-75页,第158页。

性的一般条件。(为了使用术语的方便,我把它叫作"可能性证明"。)①

康德的证明从区分两种不可能性开始。他说,当一个假设的概念因为包含着矛盾而不可思考的时候,它是"形式地"不可能的。因为"没有材料,没有数据可供思考"而不可思考的时候,它是"实质地"不可能的。就像我们已经注意到的,对康德来说所有可能性在于可思考性,在于可能的实体或事态与某些能使大脑形成所涉及的可能性概念的心智官能的关系。思考一个可能性,对康德来说就是形成一个概念,它的"质料"或内容由某些实在(或它们的否定)构成。因此,为了使一个确定的概念是可思考的,所涉及的实在必须以某种方式能被思考它们的心智所思考。康德主张,无论如何,一个实在要能被如此思考,它就必须通过某种现实存在的事物被给予理智,这一实在就是要在这些现实事物中去发现。

从这些考虑,康德得出结论说,"没有任何东西存在是绝对不可能的。"因为如果没有任何存在,那么就没有实在能作为质料给予任何思考。因此,无物可思,也无物可能。"诚然",康德让步说,"否定所有存在不会遇到内在矛盾。"但是,无物存在的假设是无论如何不可能的。因为任何"通过它所有

---

① 在一次回忆中,康德把它叫作"先验证明"(refl.5522,康德:《全集》,第18卷,第206页)。可是,这个词也偶尔用在本体论证明上(参看Refl.6027,同上,第427页),并且康德似乎普遍地用到任何企图不求助经验,完全先天地建立上帝存在的论证上(参看《纯粹理性批判》,A 591/B 619)。

1. 上帝的理念

可能性一般都被取消的假设,都是绝对不可能的"。① 可是,按照康德的推理,无物存在的假设就正好是这一类。

现在,康德可以继续推导出一个必然存在者的存在。他说:"所有可能性都预设了某种现实的事物——在它之中并通过它任何可思考的事物被给予。因此,存在一个确定的现实性,取消它就会取消所有内在可能性一般。可是取消或否定它就会使一切可能性消失的那个事物,是绝对必然的。因此,某物以绝对可能的方式存在着。"② 然后,康德进一步推论说,具有必然存在模式的存在者必定是一个而不是很多,必定是永恒的和不变的,必定具有知性和意志:简而言之,它必定是上帝。③

康德上帝存在的可能性证明在几个点上易于受到质问。至少第一眼可以看出,其中最奇怪的断言或许是,为了使一个实在成为思考的对象,它必须在一个实存事物中现实化。可是,事实上,这只是批判哲学的最经验主义学说的不为人熟知的(前批判的)一个版本。就像我们在前面看到的,对康德来说,每一个概念需要一个知性提供的形式,和感性直观给予的一个内容。④ 缺少此类内容的概念是"空的"或"不确定的",没有意义和指称(ohne Sinn und Bedeutung)的概念,通过它们无

---

① 康德:《全集》,第2卷,第78-79页。
② 同上,第83页。
③ 同上,第83-89页。
④ 《纯粹理性批判》,A 239/B 298。

物可被认知，或被认知为具有实在的（与仅仅逻辑的相反对）可能性。康德在他的可能性证明中表达的正是这种对"可思考者的材料"的要求。无疑，在这里没有任何东西提示，此类"材料"必须通过感官获得：的确，如果它们必须通过一个必然存在的神的最高实在而被给予，那么，显然它们不必通过任何感性存在而被给予。但是，直到1770年的就职论文，康德才开始把可思考性的两种必需元素分别与心智官能的主动和被动能力即知性和感性联系到一起。在《根据》论文中，形式和质料元素的区分本身才是康德所关注的。

可是，可能性证明确实极其地依赖于康德关于可能性与可思考性的同一——很可能是一个不合法的同一。在一个概念由于其自己的不一致因而不可思考的情形下，似乎可得出结论说，不可能存在任何事物对应它。但是，在"不可思考性"是由仅仅缺少思考材料而造成的时候，结论就不是如此明白。一个完全空的世界的确是一个其中没有东西可思考的世界；因为这样一个世界不仅缺乏思考材料，而且也缺少一个思考任何材料的大脑。但是，似乎不能单独从此得出结论说无物能够存在，以至于任何空的世界就等于一个必然空的世界。在这里康德的可能性与可思考性彻底同一，似乎包含着：断然排除了世界仅仅由于碰巧没有东西存在于其中，就可能是空的可能性。

实际上，考虑到康德对模态概念的解释，可以认为康德从一个世界的空推论出其必然空（任何事物存在的不可能性）是

1. 上帝的理念

很不合法的。因为康德有权得出一个空世界无物可能的结论的理由是，有赖于大脑或思维器官与其表象的某种关系的可能性概念，在那里实际上不可用。但是，在一个完全空的世界里，由于在这样的世界里不存在大脑也不存在它们思考的任何种类的表象，同样的考虑似乎导致所有其他模态概念（尤其是必然性和不可能性）同样不可用。

可是，康德在他的证明中关注的不是一个空的世界将没有理智，而是关注于能形成适用于对象的概念所必须的质料部分或材料是空无的。事实上，康德似乎假设这个完全空无的世界为一个大脑所沉思，这个大脑能从发现思考材料缺失的事实出发，做出任何事物都不可能存在的判断。或许康德在想象一个完全空的世界为一个纯粹假设的大脑所思考，或者，或许作为一个仅仅假设的世界，被我们真实的大脑所思考。但是，我们一旦通过设想那个世界仅仅是假设的，或通过引入与那个世界的关系上纯粹是假设的东西，从而允许这个空世界被一个大脑所思考，还有什么东西能阻止我们用同样的手段把可能性要求的质料组件引入到我们的空世界？康德在这里玩了一个游戏花招，很难说清这个游戏的公正规则是什么样子。

莱布尼茨和沃尔夫都认为，某物要成为可能的，就是它为神智所思考。① 这个观念似乎躲在康德未加界定的可能性与可

---

① 莱布尼茨：《哲学著作》，第6卷，第614页；参看《哲学著作集》英译本，第185页；沃尔夫，《形而上学》，§975，第601及下页。

思考性的同一性、不可能性与不可思考性的同一性的背后。但是，在他们预设在每一个世界都必须存在的最完满存在者的全知理智的时候，这种同一性就比没有此类预设可依靠的康德的版本较少疑问。在假定没有此类理智，也没有任何事物的世界里，使用这些可能性和不可能性的准则，我们必然面临着困惑的前景。

此外，当康德论证说"所有可能性一般都由之被取消"的假设本身必然是"绝对不可能的"时候，他可能面临模棱两可的指责。如果"所有可能性"指的是类似"所有可能的事态"的某种东西，这个断言是易于接受的。可是，在康德的论证中，"所有可能性"必须相反地指某种类似"所有可能事物"的东西。因为，迄今为止的论证是，由于思考它们所需要的实在没有作为相应的思考材料出现，一个完全空的世界将是一个在其中所有特殊事物都不可能的世界。即使同意这个论证，看起来好像仍有一个可能的事态，即在其中无物存在的事态（因此，根据这个论证，在其中无物可能）存在。所有可能的事物的取消并不明显包含所有可能事态的取消，除非它表明一个空（按照这个论证，一个必然空）世界不是一个可能事态。

或许可以代替康德答复说，现实事物的存在充分表明，不可能存在一个必然空的世界。确实，考虑到康德到此为止的论证，甚至"某物可能存在"的前提可充足地显示"某物存在"

1. 上帝的理念

是一个必然真理。① 因此，可能性证明在这一点上就不像表面上看来的那样不堪一击。

然而，或许康德论证中无辩护余地的最清楚一步，是下一步，即从"必然地有某物存在"到"某物以绝对必然的方式存在"。康德本可以表明世界必然不空，即其中必然有物存在。但这并不证明这个必然性必须定居于，比方说，某个特别物的结论。假设一个必然不空的世界完全由偶然存在的特殊事物组成，是没有矛盾的。康德被诱导进行这样的推理，毫无疑问，是由于他心中已经有了其存在就保证了所有存在者可能性的存在者的概念，而不管它们的实在和否定可能如何构成。由于上帝的存在充满了整个"本体论空间"，他的必然存在立刻为其他每一种事物的可能性提供了保障。依赖于此，在上面引用的段落中，康德发现很容易从"所有可能性预设某种现存物"到

---

① 设 p 表示某物存在的命题。然后，证明如下：

(1) $Mp \rightarrow p$ 康德的论证
(2) $Mp \supset LMp$ 公理
(3) $p \rightarrow Mp$ 公理
(4) $p \equiv Mp$ 1, 3
(5) $(Lq \& (q \equiv r)) \supset Lr$ 定理
(6) Mp 假设
(7) LMp 2, 6
(8) $LMp \& (Mp \equiv p)$ 4, 7
(9) Lp 5, 8

(1)（大概地）已经为康德的论证，即每一种可能性预设某物存在，所建立。(2) 和 (3) 是模态逻辑的标准公理［(3) 是刘易斯和朗福德的A7的异质位换式，(2) 是他们的S5系统的C11变式］［见C.I. 刘易斯（C. I. Lewis）和C.H. 朗福德（C. H. Langford）的《符号逻辑》（*Symbolic*）（纽约，1959年），第493、497页］。(5) 是一个模态逻辑的定理。给定这些前提和假设，得出结论 (6)、(9)。

达"存在一个确定的现实性,取消它会取消所有可能性一般"。尽管如此,这个推论是一个谬误推理。①

批判著作中的可能性证明

考虑到其上帝存在的可能性证明的不严谨,不必奇怪康德在他的批判著作中停止了对它的支持。但更值得注意地是,他从没有完全放弃这个证明。包含在其中的思路,在他的后期著作中继续影响着其关于自然神学的思想。在《哲理神学讲座》和第一批判中,康德坚持认为,只有三种有神论证明,即本体论、宇宙论和自然神论证明。《讲座》不是以有神论证明的形式,而是以对"最实在的存在者必然是一切存在者的存在者(ens entium)"②断言的论证,讨论了可能性证明。在《纯粹理性批判》中,可能性证明主要出现在康德说明理性怎样得出上帝概念的上下文中。

所以,在康德的批判思想中,可能性证明反而处在阴影中。可是它的在场是无可置疑的。在《讲座》中,康德把上帝描述为"所有可能性之根",并且以别的言说方式很有力地暗

---

① 然而,在有神论证明的过程中犯此类谬误的,康德不是第一个。洛克论证说,由于"我们知道有某些实在的存在者存在,并且不存在(nonentity)不能产生任何实在存在者,因此,这样一个证明就很明显:永远存在某物……并且永恒的存在者是最有能力的"[洛克:《人类理智论》,P.H.尼狄驰(Peter.H.Nidditch)编,(牛津,1975年),第4卷,第10章,第3、4节]。洛克的前提证明了永远存在某物的结论,正如同康德的论证表明"某物存在"是一个必然真理。可是,正如康德没有能够证明从此可以推断出必然存在者存在,洛克同样不能证明有一个永恒者的推断。

② 康德:《全集》第28卷,第2集,第2部分,第1033及下页;《哲理神学讲座》,第65及下页。

1. 上帝的理念

示了可能性证明。康德明确地谈及《根据》一文，说包含在其中的有神论证明"无论怎样也不会被驳倒，因为它立足于人类理性的本性之上。""事实上"，他告诉我们，"除非通过存在（existence），否则我们不能拥有可能性概念，在每一种我们实际上思考可能性的情况中，我们总是预设某种存在；预设的这种存在，如果不是物自身的现实性，那么至少是包含每一种可能事物质料的现实性一般。"①

可能性证明在《纯粹理性批判》中没有地方如此明确地提出来。然而，在"纯粹理性的理想"中，从事物的完全规定推导出纯粹理性的理想的过程，康德就是用从它得到的思考来支持的。两条思路确实有很多密切的相互关系，并且易于结合在一起：

> "这样一来，诸物的一切可能性（即在其内容上的杂多之综合的一切可能性）就被看作是派生的了，只有那个把一切实在性包含在自身之中的物之可能性才被看作是本源的。因为一切否定……都只不过是对一个更大的，并最终是对那个最高的实在性的一些限制，因而它们预设了这种实在性，并且在内容上只是从这实在性中推导出来。"②

---

① 康德：《全集》第28卷，第2集，第2部分，第1036页；《哲理神学讲座》，第68页。

② 《纯粹理性批判》，A 578/B 606。[参看：邓晓芒 译《纯粹理性批判》（北京：人民出版社，2004年），第462页。——译者]

可能性证明出现在这个段落，是不会错的。可是对于一个不熟悉《讲座》中或前批判著作中康德对这个证明的更具体陈述的读者而言，他在此的用意为何是肯定难以把握的。无疑，"纯粹理性的理想"的晦涩难懂大多要归因于，通常仅仅潜隐在表面之下，没有地方清楚表述过的一条思路的恒常存在。并且，许多形而上学矫揉造作和沃尔夫理性主义的印象，无疑也可由康德的主要论证是与由可能性证明得来的观念纠缠在一起的事实得到解释。

但是，在他的批判时期康德对待这个证明到底是什么态度？上文引用的段落，特别是从《讲座》抽取的段落，可能看起来几乎无条件地支持这个证明。可是，康德断然否定可能性证明成功地证明了上帝的存在。在刚引用的《批判》的段落之后，他赶忙补充说"所有这些并不表示一个现实对象与其他事物的客观关系，而仅仅是理念和概念的关系。"他坚持认为"相关于其表达事物的通盘规定的目的，理性并不预设一个符合此理想的存在者的存在，而仅仅是预设其理念，这是自明的。"① 可是，在《讲座》中，他在承认可能性证明"不能确立一个本源存在者的客观必然性"的同时，仍然相信它表明了"这一存在者的主观必然性"——它证明上帝存在是一个人类

---

① 《纯粹理性批判》，A 577-579/B 605-607。

1. 上帝的理念

理性的"必然预设"或"必然假设"。① 在他说"我们的思辨理性发现有必要预设这个存在者，如果它要洞察某物为什么是可能的"时，康德对这类言语提供了稍多一点的解释。再次："我的理性必然会使我假设一个作为每一事物可能性根据的存在者，因为相反我就不能认识某物的可能性一般是由什么构成的。"②

康德在这些段落的意思几乎是不清楚的，但或许他的观念是顺着如下思路展开的：经验的实在可能性是一些概念"与经验的形式条件"的一致性，即，与支配空间和时间的数学原理，及构成一个经验对象一般形式的先天综合规律的一致性。但是，这并没有给我们解释一个一般事物的可能性，它的"绝对可能性"与它和我们的经验关系无关。我们仅有的此类概念是对象与纯粹知性条件的符合，即一般"可思考性"。如同我们已知悉的，这些条件包括通过它事物可以被思考的概念的形式的不自相矛盾，也包括构成那个概念的内容或内涵的实在的"给予"。在问题不是某些具体事物的可能性，而是相反，一般地思考一切特殊事物的地方，后一个条件被一个最实在的存在

---

① 康德：《全集》，第28卷，第2集，第2部，第1036；《哲理神学讲座》，第68页。这些观点是康德在批判时期仍然坚持的，这可进一步为他的一些反思所肯定（参看Refl. 5492、5502、5508、5522、5525，康德：《全集》，第18卷，第197、201、203、207、208页）。

② 康德：《全集》，第28卷，第2集，第2部，第1036页；《哲理神学讲座》，第68页。

者的"假定"或"假说",最全面、系统和经济地满足了。和这个最实在的存在者一起,整个本体论空间也立即被"给予"了。

对这个"假设"的要求,至少以两种方式看,是纯粹"主观的"。首先,几乎没有积极的理由可以认为,为事物一般的绝对可能性所预设的现实性,是一个必然存在的最实在的存在者。必然实在都可能以无限多的方式在有限存在者中被给予。但是,最实在的存在者假设迎合了我们理性喜欢简单和完满的趣味;它是理性能给所有可能性的质料条件一个系统说明的最自然的方式。因此,我们相当自然地倾向于假设它,作为可能性一般的最满意解释。

从它依赖于可能性与"可思考性"的完全同一来看,这个假设也是纯粹"主观的"。事实上,后面的"可思考性"以一种颇类似于我们的受感性限制的思维能力的方式被设想。这或许是(对康德来说,它一定是)我们形成事物一般可能性的确切概念的唯一方式。但是,这并不意味绝对实在可能性不会自身另有某种相当不同的基础。

与此类似的观点为康德所主张,这可以从康德在《批判》中所说的话中看出来。"纯粹理性的理想"第二节用一个与最高存在者的理念相关的"理性的自然幻象"的说明做总结。在这里仍然没有明确地提及前批判著作。但是,从康德提问的用语可以清楚地看到他心中还存有可能性证明。一旦我们熟悉了更明确形式的可能性证明,那么对我们同样清楚地是,在《批

1. 上帝的理念

判》中康德还认为这个证明迎合了人类理性的一种自然要求，并且在这一章他用批判原理为这个证明对他仍然存在的吸引力进行解释。他问："理性怎么想到把事物的所有可能性看作从作为它的基础的单个可能性中派生出来——即，从最高实在的可能性派生出来，并且预设这个最高实在包含在一个特别的本源存在者之中。"

"从先验分析论的结果看答案是明确的"，他告诉我们，"感觉对象的可能性是它们与我们思考的关系"。这个思考的"质料"，康德说，"必须是给予的，因为没有质料就一点也不能思考，它的可能性因而也不能得到表达。"进一步，他论证说，为我们的概念提供内容的经验实在要服从统觉的综合同一，通过这个同一它"成为一个单独的、无所不包的经验"。所以，"所有感性对象可能性的质料必须预设为在一个总和中被给予。"因而，"除非预设作为其可能性条件的所有经验实在的总和，否则，就不会有东西对我们而言是一个对象"。

在我们不管经验的感性条件而试图形成事物绝对可能性的概念的时候，我们自然有赖于在这些感性条件下可思考性的基本原理，并且企图把同样的综合同一原理应用到事物一般的可思考性（因而可能性）之上。通过一个"自然幻象"，康德说，"我们主张事物可能性概念的经验性原理就是事物一般的可能性的先验原理。"并且这导致我们"实体化"（hypostatize）"所有实在总和"，并把它看作是其必然存在为所有可能性提供根据的一个个体物。①

康德对可能性证明的最终分析如何令人满意？为了几种理由中任何一个，康德可能已经直接地拒斥了这个证明（虽然，如果该证明被用来确立一个仅仅"主观必然的假设"，而不是一个"独断的结论"，至少某些反驳的力量无疑会极大的削弱）。但是，事实上，康德似乎从来没有放弃可能性证明。他似乎总是严肃地对待该证明所预设的可能性与可思考性的彻底同一，以及与其相关联的观念：每一种可能性都预设着某种现实性。而且，他似乎总是发现从这些考虑，可以自然地得到必然存在一个作为"所有可能性基础"的"最实在的存在者"的结论。

在《批判》中，这个结论被描述为一个"辩证幻象"。这个辩证幻象，像辩证篇处置的其他辩证幻象一样，产生自我们理性的不可避免但又误入迷途的倾向——把只对现象有效的一个先天原则应用于物自身的倾向。在这个情况中，被如此误用的原则是，所有可能性预设一个作为整体给予的质料基础。确实有理由怀疑应用此原则是否真的是自然的，就像它在可能性证明中那样，但至少在《批判》中这个证明被看作一个幻象。更令人困惑的是，康德在《哲理神学讲座》中对待可能性证明的更复杂和更富同情性的态度。在其中，康德宣称这个证明是"主观地"有效的，因为一个最实在的存在者的存在是

---

① 《纯粹理性批判》,A 581 及下页/B 609 及下页。

1. 上帝的理念

我们可以为事物一般的可能性设想一个根据的唯一方式。另一方面,他否定了该证明的"客观"有效性,明显地是由于他认为它不能表明事物的可能性确实必须以恰好此种方式奠基。

可是,在"主观的"和"客观的"之间的这样一个区分的有效性真的可以辩护吗?让我们假设这样的情况,假设物体隔着一段距离相互作用是我们可以设想万有引力作用的唯一方式。自然,我们不知道万有引力是如何作用的,我们也不能以任何方式最终排除万有引力通过某种媒介作用而不是超距作用的可能性(一种媒介,我们不能通过假设形成任何清楚的概念)。即使如此,我主张,在这些情况下,我们假设物体很可能确实("客观地")存在相互的超距作用。因为超距作用的假设的确解释了这些数据,并且(正像我们假设地)它是我们现有的能够解释该数据的唯一假设。既然提供了对一组数据的最可用解释的唯一假设倾向于为那组数据所肯定,因此,按照我们的假设,万有引力现象易于为超距作用的假设所肯定。

以一种相似的方式,如果最实在的存在者的存在真的是我们可以用来说明事物一般的绝对可能性的唯一假设,那么此类可能性的存在必须被看作是肯定那个假设的证据。在康德说可能性证明向我们表明上帝存在是一个"必然的假设",不需要以无可置疑的确定性来证明上帝存在的时候,康德本人似乎在这个方向上漂移。① 虽然一组资料提供了有利于被看作资料的唯一可用的解释的假设的证据，但这些资料显然不能提供这个假设真理性的必然证明。甚至当"资料"本身是某种先天的东西，例如事物一般的单纯可能性的时候，在此类情况中似乎还只是占优势证据的问题，而不是严格证明的问题。

这样一种可能性证明的观点，会与康德通常对待形而上学问题的批判态度背道而驰。康德常常坚持，如果此类问题可以被决定的话，就必须被先天地和必然确定地决定；对它们的假设、猜测和仅仅可能的意见要排除掉。② 可是康德有时也喜欢像以某种方式指向实践信仰那样，来思考尽管是无结果的上帝

---

① 康德：《全集》，第28卷，第2集，第2部，第1034页；《哲理神学讲座》，第66页。在《批判》中，康德似乎以有限定的方式，确认他在宇宙论和目的论证明研讨中推理线索的平行特征。为了便于论证，他一度承认一个必然存在者的存在可以从某种偶然事物存在的假定中获得证明。然后，他注意到最实在的存在者的"逻辑本源性"（logical originality），"至少部分地满足了概念的无条件必然性"。"如果"，康德说，"它是一个决策问题，即，如果某种必然存在者的存在得到承认，并且如果我们进一步同意必须讨论这个必然性何处安置的问题，那么这个概念有一个确定的基础就不可否认；因此，人们就没有更好的选择，更精确地说，没有选择，而只能按要求赞同把完满实在的绝对同一看作可能性的来源。"康德坚持认为，毕竟没有什么东西驱迫我们做决定，因为我们的目的"仅仅是判断关于这个对象实际上可以知道多少"。仅仅通过坚持这样的观点，康德回避了上述结论（《纯粹理性批判》，A 587/B 615）。他以类似的方式推论目的论的证明："我们毕竟要承认的是，如果我们应当"为自然中观察到的秩序"列举出一个原因"，"我们在此除了按照与这一类本身是我们唯一完全知悉其原因和作用方式的合目的性的产生进行类比外，就不可能有更可靠的处理方式了。理性假如想要从它所知道的原因性转向它所不知道的那些模糊的不可证明的解释根据的话，它就不会为自己做出辩解了"[《纯粹理性批判》，A 626/B 654。（参看邓晓芒译《纯粹理性批判》，第494-495页。——译者）]。

② "在这种研究中，持有意见是无论如何不被许可的。每一种看起来像一个假设的东西都是禁售品；它不可以拿来甚至以极低的价格拍卖，而是应该在发现的同时没收"（《纯粹理性批判》，A xiv）。

1. 上帝的理念

存在的理论论证。这种倾向是他在《批判》和《哲理神学讲座》中都极端同情地对待自然神学论证的缘由。在《批判》中甚至存在一个强烈的暗示说,这对宇宙论证明也同样是真的。[①] 从《讲座》的言论看,很可能在批判时期康德有时也乐于用此类同情的态度对待可能性证明。确实,他甚至达到承认它是"所有可能的证明中最令人满意的一个"。[②]

可能性证明本来是康德保留必然存在概念的一个副产品,尽管关于本体论和宇宙论证明的责难和他的名字密不可分。我们可能乐于认为,如此啰嗦和暧昧的一个论证可完全归属于那些前批判观点,而一个研究成熟期康德的学者无需关注。可是,不幸的是,康德将不会让我们这样做。正如我们看到的,可能性证明是康德解释上帝理念起源的延伸,是康德并入他的理性"自然幻象"解释中的关于理性理想的一部分。《讲座》揭示了对该证明的一个甚至更大的同情。因此,不管我们可能发现它的什么错谬,我们必须面对的事实是,可能性证明对康德本人保持了如此大的一种诱惑,以至于没有对它的影响的一个评估,康德在理性神学专题上的批判思想就不能得到适当的

---

① "尽管如此,这个论证仍然具有某种重要性,并且有某种还不能因为其客观的不充分性而马上就从它那里被剥夺掉的威望。因为,假定有一些在理性的理念中完全正当的义务,不过,假如不预设一个最高存在者……它们应用到我们身上就会缺少任何实在性;那么,我们甚至要像服从义务那样来追随那些概念,那些概念虽然可能不是客观充分的,按照我们理性的标准,却仍然是占优势的……对义务的选择在这里将会通过实践的加入使思辨的犹豫不决走出相持状态"(《纯粹理性批判》,A 588 及下页/B 616 及下页)。

② 康德:《全集》,第28卷,第2集,第2部,第1034页;《哲理神学讲座》,第66页。

理解。

神 的 属 性

在《哲理神学讲座》中，康德说，上帝的概念是我们所有概念中最"精确规定"的概念。① 但他在这里主要指的是在其他概念的"完满规定"的理想过程中这个概念所占有的特殊位置。他肯定不是说，我们实际拥有的上帝概念是一个我们深刻领会的，或一个其内容对我们是显而易见的概念。正好相反，他反复断言我们只拥有最高实在的最贫乏的概念，并且有时甚至坚决认为我们"没有上帝的任何概念"。②

像后面一类的言论，无论如何，需要置于康德概念理论的背景中来理解。康德通过它们要说的是，由于我们的上帝概念是一个理性的理念，没有与其相符的感性内容曾经能够被给予，这个概念因此是一个"空"或"可疑"的概念，一个不能用来传达（经验）知识的概念。它是一个通过它一个对象可以被思考却不能认识的概念。在这方面，上帝概念自然与其他的理性理念，例如自由意志或意识自身没有什么不同。或甚至与任何被仅仅看作一个本体，而无关乎它在我们感性直观中被给

---

① 康德：《全集》，第28卷，第2集，第2部，第997页；《哲理神学讲座》，第25页。
② 康德：《全集》，第28卷，第2集，第2部，第996页；《哲理神学讲座》，第24页。

1. 上帝的理念

予方式的对象概念，没有什么不同。

可是，存在与上帝的概念相关的特殊困难，更精确地说，与理性神学通常向他提出的要求相关的特殊困难。哲学家们通常并不为一个自由意志的属性——例如在直接要求其特性为自由之外的属性，而自我烦恼。可是，在一个最实在的存在者的情况下，哲理神学家们除非能够相当确定拥有最高实在所包含的诸特性，否则就会常常不满意。最实在的存在者是单纯的吗？或者它是由诸部分组成的？它会经历变化吗？它怎样与空间、时间和不同于它的事物相联系（如果确实有这些存在）？最高存在者是有意识的或是无意识的？它拥有知识或意志？如果如此，它认识或意欲什么，怎样认识和意欲？在《哲理神学讲座》中，康德提出了所有这些传统问题并试图回答。实际上，康德在这些问题上的观点，《讲座》是我们唯一的实际来源。而且或许令人惊奇的是去看，康德对鲍姆嘉登的文本中所表述的经院哲学和理性主义神学传统有怎样的同情。

根据康德的认识论，看起来似乎是，关于神的属性我们能讲的东西是很少的。因为，根据批判学说，所有我们能形成的任何确定概念的属性，都是在程度上必然受限的现象实在。我们无从认识任何作为这些现象根据的本体实在；因此，对属于最实在存在者（ens realissimum）的属性形成不了确定的概念。

无论如何，这些责难实际上不适用于某些谓词，例如那些以范畴为基础的谓词，或以"纯粹的派生概念为基础"的概念,例如持存和变化。① 因为,尽管这些概念在应用于本体时是"空的"概念,然而,它们作为我们对一个事物或对象一般之概念的形式要素,是先天地可为我们所利用。康德把这些由于"指称一个事物一般的普遍属性而属于上帝"的"先天的实在"命名为"本体论谓词"。② 可是,康德的本体论谓词的清单,并不严格符合这些考虑。因为,它不仅包括确实属于"一个事物一般的普遍属性"的实体、可能性和在场,而且也包括显然不属于"一个事物一般的普遍属性"的简单性、不变性、永恒和超世间性。这些谓词,像那些无差别地属于每一个对象的谓词一样,是完全由康德分类为先天概念的概念构成的。在它们之中,这些概念必须以表述一个本体或一个最高存在者的属性的方式被使用。例如,变化和因果力的概念对康德来说是纯粹概念或从范畴派生出来的"纯粹理性的谓项"。对于一个其存在不是时间性的事物,变化的概念必然是不能用的。由于时间仅仅是感性的形式,只可以用于现象,一个纯粹本体的存在者,例如一个最实在的存在者(ens realissimum),是必然不可变化和不能变化的。③ 同样地,如果我们把每一个因果力从本质上看作一个实在或肯定属性,结果就是一个最高实在必须拥有所有这些力,并因而是万能的(omnipotent)。不是所有康

---

① 《纯粹理性批判》,A 81 及下页/B 107 及下页。
② 康德:《全集》,第28卷,第2集,第2部,第1020页;《哲理神学讲座》,第51页。
③ 康德:《全集》,第28卷,第2集,第2部,第1038页;《哲理神学讲座》,第71页。

1. 上帝的理念

德归属于上帝的本体论谓词都可以如此直接地应用。例如，康德对于最实在的存在者是在世界之外的存在者（ens extramundanum）的论证，有赖于每个人的自我意识的见证，以确认思维自我是一个有限实体，因而是不同于无限存在者的一个世界的组成部分。① 从康德的严格的原则出发，这些见证似乎是不能得到的。因为，"谬误推理"论证说，单纯的自我意识不能授权我们得出关于"我、他或它"的任何性质的结论，而这个"我、他或它"是我们思维的先验主体。② 可是，即使存在关于特殊本体论谓词的问题，下面这一点也仍然是真的：原则上不存在阻止我们用范畴或其他纯粹概念构成一个最高实在概念的东西。

康德把"本体神学"或"先验神学"的名字授予任何把自己限制在上帝的本体论谓词清单之上的神学。并且他认为从道德或宗教的立场看此类神学是有用的，它阻止我们使用从经验性原则得来的"拟人化"的上帝概念。康德似乎已想到，当神学（和道德一起）立足于经验原则的时候，神学就变得腐败堕落了。并且，在人们从自然和经验而不是从纯粹理性得到他们的上帝的时候，他们更可能用空洞的礼仪而不是理性和道德上的正直行为来服从他。他宣称，对人们中的多数来说，从经验得到的上帝概念主要用作"一个幻想的可怕景象，一个礼仪崇

---

① 康德：《全集》，第28卷，第2集，第2部，第1041页；《哲理神学讲座》，第74页。
② 《纯粹理性批判》，A 346/B 404。

拜和虚伪颂扬的迷信对象。"根据康德，先验神学通过给我们提供一个奠基于知性的纯粹概念，更清醒和更严峻的神圣概念，帮助我们把自己从此类腐败的宗教中拯救出来。①

但是，在康德看来，这并不意味着从一个道德和宗教的立场出发，我们可以对先验神学本身就感到满意。因为，它的上帝概念是"自然神论的"；它仅仅是这个世界的一个最高的实在根据或原因的概念。在康德看来，道德信仰要求"有神论"，要求信仰一个"活着的上帝"的信仰——信仰一个具有知识和自由意志，依据道德法则明智地统治世界的存在者。由于这个理由，不仅把必须从纯粹知性获得的本体论谓词赋予上帝，而且必须把"宇宙论"或"心理学"的谓词赋予上帝，这种谓词是从我们关于人的自我或灵魂的经验知识中获得的，而人的自我或灵魂又是自然的一部分。康德说，先验神学是到达更完满神学必不可少的预备知识，但在道德宗教的观点看来，先验神学除非得到它的补充，否则就是"闲置的和无用的"。②

在《根据》一文中，康德坚持认为，知性和意志可归属于作为所有可能性根据的最高实在，这是可以证明的。③ 在康德证明我们根据"在我们的全部经验中我们发现没有什么东西比我们的灵魂拥有更多的实在"而把心理学谓词归属于上帝是正

---

① 康德：《全集》，第28卷，第2集，第2部，第1046页；《哲理神学讲座》，第80页。
② 康德：《全集》，第28卷，第2集，第2部，第1002页；《哲理神学讲座》，第30页。
③ 康德：《全集》，第2卷，第87及下页。

1. 上帝的理念

当的时候，基本上相同的论证也出现在《讲座》中。① 可是，他在这一点上越到后来越谨慎。他注意到，我们永远也不能确切地断定"认识能力的实在与其他实在在一起的时候，是否会取消它们"。虽然如此，他论证道"一个把所有事物可能性的根据包含在自身的本源存在者（ens originarium）必然拥有认识能力，因为它是拥有这种能力的存在者（例如，人）的本源。因为，除非这个本源存在者拥有它，否则怎么会有某物从一个存在者那里派生出来？"无论如何，康德承认，我们没有必然把握反驳自然神论者的断言："在事物的本源中可能有另一类的实在可以生成人类固有的认识能力。"最终的，但有些试探性的，结论是，只要我们承认这种能力与人的能力"完全不同"，我们就有权把一种认识能力归属于上帝。②

但是，伴随着这个结论，早些时候我们提出的困难就带着全部力量复现了。迄今为止，康德实际上期望把某些本体实在（realitates noumena）应用到上帝之上，这些本体实在是我们通过经验认识的现象实在（realitates phaenomena）的根据。根据康德的原理，我们形成此类属性概念是如何可能的？

先不管康德对它的处置，这个问题是一个理性神学的传统问题。因为，人们习惯上认为，神的属性完全超越可适用于被

---

① 康德：《全集》，第28卷，第2集，第2部，第1020页；《哲理神学讲座》，第51页。
② 康德：《全集》，第28卷，第2集，第2部，第1050页；《哲理神学讲座》，第84页。

造物的普通概念之上。并且康德对问题的解决方式也同样是传统的。他坚持认为，如果充分地加以某些限制，从现象得来的谓词就可以适用于上帝。首先，他说，我们必须用否定法（via negationis）将所有限制与我们所选取的谓词分离。在许多感性事物属性的情况下，如果不完全"取消该概念"，就不能做到这样；并且此类属性是一点也不可能成为上帝的谓词的。① 例如，广延、形状和移动，空间存在固有的限制归属于它们。如果我们试图去除这些否定特性，结果就是"非空间性的广延"以及自相矛盾的类似概念。比较而言，康德坚持认为，在某些其他属性的情况下，我们不会遇到自相矛盾的结果，例如知识、意志和道德善。于是，这些属性可以适用于上帝。但是，康德坚持认为，它们必须依照卓越法（via eminentiae）使用。"例如，不仅是能力，而且是无限能力必须属于上帝，不仅是知性，而且是无限知性属于上帝。"② 如果我们一定要把有限物的属性赋予上帝，它们必须修改或扩大以与一个无限实在的存在者相符合。再说一遍，如果一个属性经受不住这种修正，按字面意义，它就不能归属于上帝。

在《讲座》中康德对上帝特殊属性的许多细致讨论，关涉到适用于有限物的概念为了"分离掉所有感性限制"而必须被

---

① 康德：《全集》，第28卷，第2集，第2部，第1021页；《哲理神学讲座》，第52页。
② 康德：《全集》，第28卷，第2集，第2部，第1022页；《哲理神学讲座》，第53页。

1. 上帝的理念

修正的方式问题。例如，依据康德，每一种认识能力要求一个直观能力，通过这个直观，认识对象可以立即给予认识者。人类的这种能力是感性的——即，被动的对对象作用于我们之效果的接受能力。作为自发或活动能力的人类知性，在功能上被限制为按照推论性概念或普遍概念来组织被给予的感性知识材料。但是只有有限物相关于外在于它的事物才是被动的。最高实在的概念排除了在任何部分存在感性的认识能力。上帝的直观，即他与认知对象的直接接触，因而必须是自发的或主动的，是他知性的一项功能。同样地，以普遍概念为媒介的知识仅属于有限存在者，他们与对象的直接接触为他们提供了仅仅是那些对象的某种普遍标记或特性形式的信息。例如，我与一个确定物体的感性接触，为我提供了它的颜色（白色），它的形状（球形）和其他这类性质的知识。它们中的每一种都是被无限定的众多其他物体以及我正在观察的这个物体所分有的。对物体属性的进一步研究，特别是在得到科学理论帮助的时候，会揭示很大数量的其他性质。但是，这个信息的积聚总是由表示普遍概念的谓词对该物体的进一步"规定"所构成的。可是，上帝的知性直观，直接地把握了通盘规定的个体概念——一个在它的特殊性中完满拥有它的所有属性的个体概念。它无需思想的推论性活动，或这些活动所构成的普遍概念。①

因为上帝与他的认识对象的关系完全是主动的而不是被动

---

① 康德：《全集》，第28卷，第2集，第2部，第1053页；《哲理神学讲座》，第86页。

的,由此上帝的知识完全是先天的。^① 另一个结果是,上帝关于外在于他的事物的知识是派生自他自己的自我认识:他关于可能性的知识源自他对自己的存在是最本源的存在(ens originarium)即所有可能性根据的知识。^② 他关于现存事物的知识来自他创造该现存事物的自由意志,这种创造与上帝向自己表象它完全是一回事。于是,上帝的知识造成了他所认识的对象的真理,并且通过它自己对这知识对象的表象来造成。然而,由于根据康德的定义意志是"通过它们的表象造成对象的能力",由此得出结论,上帝的知性与其意志是同一的。^③

但是这里没有空间彻底探讨康德对神的知性和意志以及它们之间的关系的处置。上述讨论的目的,仅仅是举例说明康德在把被造物的属性应用于最高实在之前,完成从被造物的属性"分离出限制"的任务的方式。重要的是要认识到,神的属性的任何此类描述,对康德来说,根本上是告知我们上帝的属性如何必然不同于被造物的属性的一种方式。它们不能告诉我们关于神的属性构成的任何肯定的信息。康德说,甚至卓越法也不能使我们更接近神的属性"自身"是怎样构成的任何知识。

---

① 康德:《全集》,第28卷,第2集,第2部,第1051页;《哲理神学讲座》,第85页。
② 康德:《全集》,第28卷,第2集,第2部,第1053页;《哲理神学讲座》,第89页。
③ 康德:《全集》,第28卷,第2集,第2部,第1061页;《哲理神学讲座》,第97页。参看康德:《全集》,第5卷,第9页注释,和《纯粹理性批判》,L.W. 贝克(L. W. Beck)译(印第安纳波利斯,1956年),第9页注释。

1. 上帝的理念

这样的纯粹实在"根本不能为我们理解。"因而,没有一种我们从感觉世界抽取的实在可以直接地或无歧义地归属于上帝。我们用来表示神的属性的词语必然是在一种纯粹类比的意义上用于上帝。①

很多托马斯主义者,使用一种稍微与托马斯本人不一致的术语,在两类类比谓项之间加以区分:归属类比(the analogy of attribution)和比例类比(the analogy of proportion)。② 根据前者,就它们具有与神的属性的真实(虽然是不完美的)类似而言,我们以世间属性表述上帝。因此,使用从我们对人类智慧的熟知中得出的一个概念,我们可以把智慧赋予上帝,因为前者是上帝现实属性中的一个不完满的变体。在这个类比中,人类智慧被叫作"基本类比项"(prime analogate),因为正是从它那里我们获得了应用于上帝的概念,而这又是因为我们认识到,我们归属于上帝的属性仅仅由我们用来得到这个属性的类比不完满地表达着。

另一方面,在我们依据比例类比把一个谓词用于上帝的时候,我们并不把我们的谓述直接建立在从中获得概念的被造物

---

① 康德:《全集》,第28卷,第2集,第2部,第1023页;《哲理神学讲座》,第54页。

② 阿奎那在analogia secundum convenientiam propor tionis 和 analogia secundum convenientiam proportionalitatis 之间做了区分。参看科普尔斯顿(F. C. Copleston):《哲学史》(History of Philosophy)(加登城,纽约,1962年),第2卷,第2部,第75及下页。阿奎那的"根据类似比例的类比"(analogy according to resemblance of proportion)通常被叫作"归属类比"(analogy of attribution),他的"根据类似比例性的类比"(analogy according to resemblance of proportionality)被叫作"比例类比"(analogy of proportion.)。

的属性与我们意欲指示的神的属性之间的任何被设定的相似性上。作为代替,我们将之建立在一种在其中上帝面对他的造物的确切关系与某些被造物已知的面对他物的关系之间的类似性的事实上。并且,我们用适合于相应关系的谓词来陈述上帝,而不需要暗示上帝被指示的属性自身类似于所讨论的被造物的属性。圣托马斯那里的标准例示是把词语"健康的"用于身体、医药和尿。① 这里的"基本类比项"是身体的健康,其他的两个谓项都依据于它。我们称医药或尿是"健康的",不是因为它们拥有类似于身体健康的任何属性。我们称医药"健康的"反而是因为它具有与身体健康的"原因"关系;我们说尿是"健康的"是因为它具有与身体同样属性的"符号"关系。实际上,在神学采用这一类类比的时候,所采用的关系几乎总是因果关系。例如,上帝是他的受造物的智慧的原因。并且,在我们用比例类比把智慧归属于上帝的时候,我们并不把任何类似于被造物智慧的属性归属于上帝;我们只说上帝与这个智慧的关系和世间原因与其效果的关系相同。

托马斯主义者通常主张,我们可以以这些方式中的任一种,或同时两种,把谓词类比地用于上帝。然而,康德有重点地完全排除了归属类比,并且单独地依赖于比例类比。"类比",他说,"并不像通常认为的那样在于事物之间不完满的类似。"相反,康德宣称,我们必须"假定类比是关系的(不是

---

① 《神学大全》,第一集,问题13,第5条,正解。

1. 上帝的理念

事物的,而是关系的)完满类似,或,简而言之,数学家理解为比例的东西。"① 上帝与被造物的关系,无论如何,只能以纯粹范畴或本体论谓词的方式来设想。否则,关系本身就必须为比例类比所陈述,并且我们似乎已完全失去对我们要用于上帝的谓词的掌握。② 幸运地是,原因和结果的关系(或根据和后果)属于关系范畴。并且它似乎是康德发现的适合于类比陈述目的的唯一关系。③

但是康德的类比谓项应该怎样工作?不幸的是问题本来就不清楚。显然,康德像获得有限原因和它们的结果的特定关系

---

① 康德:《全集》,第28卷,第2集,第2部,第1023页;《哲理神学讲座》,第54页。

② 康德:《全集》,第4卷,第357页注释;英译本《未来形而上学导论》,L.W.贝克编(印第安纳波利斯,1950年),第106页注释。不像康德,很多托马斯主义者(包括托马斯本人)主张每一个关于上帝的命题都包含着类比谓项。这大概是由于托马斯主义者的经验主义比康德更彻底;因为圣托马斯主张我们所有的概念都得自感觉。可是,任何在这一点上坚持托马斯主义观点的人,似乎都遇到了不一致性的威胁,如果他们像康德一样把比例类比当作唯一(甚至根本的)种类的类比谓项的话。科普尔斯顿批评某些托马斯主义者在主张所有上帝的谓项是类比的观点的同时,还坚持认为比例类比是一类基本类比,这在我看来是正确的:"除非通过归属类比,否则我看不清我们怎样才能认识上帝拥有任何完美属性。所有类比谓项有赖于被造物与上帝的真实关系和相似,并且在我看来,比例类比预设着归属类比并且后者在两类类比中更为根本"(《哲学史》,第2卷,第2部,第76页)。

③ 康德:《全集》,第4卷,第363页注释;参看英译本《未来形而上学导论》,第108页注释。在《哲理神学讲座》中康德正好在艾伯哈德的文本讨论因果法(via causalitatis,很明显正好是比例类比的另一个名字)的地方开始讨论类比。三种关系范畴中(实体与偶性、原因与结果、交互性)只有第二种容许一种在上帝和被造物之间的(正统的)应用。在这种语境中应用本体偶性关系,就陷入了康德和他的文本都强烈反对的斯宾诺莎主义。在上帝和他的造物之间的因果交互性被排除了,这是因为上帝的最高完美使他"无法超越"(impassible)。康德:《全集》,第28卷,第2集,第2部,第1043页;《哲理神学讲座》,第76页。

那样来设想上帝的类比谓词:

> 如果我说我们应该把这个世界看作好像是一个最高知性和意志的作品,那么实际上说的不过是,一块手表、一艘船、一个军团具有的与机械师、工程师和指挥官的关系,与这个感觉世界(或构成这个现象总和基础的每一种事物)和不可知者的之间的关系一样。我对这个不可知者不能像它在其自身那样认识它,而只是对我来说,即相关于我是其一部分的这个世界而言认识它。"[1]

根据这些提示,任何类比谓项都应该满足两个要求:(1)具体规定现象世界中有因果关系的一对事物(比如,一个人的善行和在另一个人身上造成的幸福);并且(2)具体规定世界中某种事物(比如人的普遍幸福),它与上帝的关系可以被看作与上述的因果关系相似。然后,人们可以把(1)中规定的世间原因的属性当作上帝的谓词。当然,人们也可以相关于(2)中所规定的上帝的原因的结果来这样做。(在刚引述的段落,手表和机械师,船和工程师等等对子似乎规定了因果关系,以及感性世界——或其秩序和一致性——神的结果。类比的要点似乎是就上帝造成世界的秩序而言,把智力和计划,或知性和意志赋予他。)

---

[1] 康德:《全集》,第4卷,第357页;参看英译本《未来形而上学导论》,第106页。

1. 上帝的理念

可是，此类解释导致了一些棘手的问题。我们怎样确定哪一对因果关系适合于类比地表述上帝的属性？我们怎么知道感性世界的哪个方面可以合乎情理地看作类似于每对因果的结果？进一步，不是每一种对上帝的类比陈述都明显地满足这个解释的因果关系要求。毫无疑问，仁慈和理智设计恰好具有此类因果关系的含义。但是，我们也可以把纯粹沉思的知识赋予上帝，尽管它的人类类比物不是任何事物的（至少不是基本）原因。

可是，有时康德似乎暗示类比谓项不需要导致这些问题的那种严格的要求。在某些段落，他反而似乎在说，在我们把一个类比谓词赋予上帝的时候，我们实际上说的仅仅是，上帝是那个谓词指示的被造物的属性的原因，而不需要我们能够比此更精确地指定什么类型的因果关系包含在内。他说："因为，正如世界中的一件事物在它包含着另一件事物的根据的时候就被看作该事物的原因，依据类比论证，我们也以同样的方式把世界整体看作它在上帝中之根据的结果。"① 在他说这些话的时候，或许他意味的就是这些。康德的确也说："在这种情形下的关系概念，只是一个范畴，即，原因概念与感性没有任何关系。"② 这可能仅仅意味着每一种类比谓项都以一个非类比

---

① 康德：《全集》，第28卷，第2集，第2部，第1023页；《哲理神学讲座》，第54页。

② 康德：《全集》，第4卷，第357页注释；参看英译本《未来形而上学导论》，第106注释。

的谓词，即本体论的因果关系谓词为基础。但是，它也可能意味着，与我们前面检查过的段落的表面含义相反，没有什么属于感觉世界的特殊因果关系（例如，表和机械师）可以包括在类比谓词的内容中。根据这种解释，我们只是因为他被看作他的被造物的原因才把智慧当作上帝的谓词。并且，由于他同样是拥有那些属性的事物的原因，我们才如此容易地以沉思的知识（或其他非因果属性）为他的谓词。

可是，类比的使用也存在问题。根据科普尔斯顿，"我们不仅仅由于上帝是所有智慧事物的原因而以智慧述说他，因为在那种情况下，我们满可以由于上帝是所有石头的原因而把上帝叫作石头。"① 在对此做答复的时候，自然地，康德要坚持说，由于与卓越法相关的上述责难，尽管上帝是它们所指示属性的原因，但仍有很多世间谓词我们根本不能应用于上帝。因为，卓越法的一个规定是，除非可以不矛盾地被设想为容许一个最高或无限程度，否则就没有谓词可以用于上帝。"智慧"，康德会论证，是一个通过了这个考察的谓词，而"石头"不是。可是，康德的观点仍然落入科普尔斯顿驳斥的范围之内。因为，似乎正确的是，我们说上帝是智慧（或任何其他东西）的，不仅是由于上帝造成了被造物的智慧，而且由于上帝自身具有同样的属性（或某种属性，人类智慧是它的不完满拷贝）。卓越法的全部要点似乎是，在我们为上帝选择谓词的时候，我

---

① 《哲学史》，第2卷，第2部，第75页。

1. 上帝的理念

们确定只选择那些能使一个无限完满存在者可以拥有它们的，或具有某种最完满变体的那些谓词。除非保证我们设定上帝实际上具有一种属性——以某种方式类似于我们从中取得它的概念的有限被造物的属性——而不造成悖谬，否则神的属性必须被容许一个最高程度的谓词所指示的规定就没有清楚的意义。如果我们说"上帝是F"的全部意谓是上帝是有限物的F性的原因，那么这个规定就简直是不必然的。因为上帝同样是那些容许和不容许一个最高程度的属性的原因；我们可以通过提及一类被造物的属性以及另一类属性来同样多地歌颂他的因果力量。

尽管康德在《讲座》和《导论》中关于类比推理的探讨有最大的扩展，但仍然不足以让我们获得康德要使类比学说成为什么样子的任何清晰观念。人们怀疑，在这些相对流行的著作中，康德仅仅是接受了传统的类比理论，而没有多大的关切去规定其细节。可是，一件事情是清楚的，康德理论的要旨倾向于关于神性本性的一种相当极端的不可知论。康德对归属类比的驳斥意谓着，对康德来说，在我们用仁爱、智慧或知性陈述上帝的时候，我们没有任何权利宣称上帝实际上具有任何与以这些名字命名的人类特性类似的属性。更准确地说，我们至多说在上帝中有造成人类幸福或宇宙秩序的某种（我们不知道是什么）东西，正像一个人的幸福或一块手表的机械结构由人的施舍或机械师造成一样。就像康德提议的："适合于我们的微弱概念的表述是，我们把世界看作好像其存在和内部规定来自一个最高理性,通过它……我们认识世界的构成,但不需要冒昧地来确定其原因自身(as it is in itself)。"①

在这一点上,康德道德宗教的影响是十分明显的。康德相信,一个正直的道德意向理性地要求对一个道德世界的信仰。这个道德世界是被一个和传统有神论宗教的上帝十分相近的,最智慧和道德完美的存在者有目的地安排好了的。同时,作为一个启蒙派,他的道德信念,使他对流行的宗教十分怀疑。他确信他所谴责的在它们中间的迷信、狂热、虚伪和奴性的侍奉,至少一大部分是它们有缺陷的上帝概念造成的。这个概念是腐败的,因为它是从经验的来源所产生的,而不像应该为其理性标准的道德法则那样,来自纯粹理性。从这个观点看,治疗流行宗教的办法,就是更严格地坚持一个完全先天的神学。考虑到康德对人类甚至设想超验或完全非感觉对象的能力的严厉责难,这样做必然导致一种特别干枯和严峻类型的神学,在其中,"仅仅涉及人类表象"的每一种东西已被仔细地去除了,并且对流行崇拜的过热想象也只有极少的让步。

这似乎是悖论性质的,一方面,康德如此全力以赴地主张,从一个这样的道德和形而上学立场出发,把上帝概念精确地规定为本体论上完满的拥有最高圣洁、仁慈和正义的智慧和意志主体;而在另一方面,他如此渴望于通过把它置于我们理解能力的限度之外让这个概念变得尽可能的空洞、模糊和不

---

① 康德:《全集》,第4卷,第359页,参看英译本《未来形而上学导论》,第108页。

定。可是，这个悖论简直不是独特地属于康德，它似乎总是以这种或那种形式属于西方正统理性神学的整个传统。这个传统，总是把它的详细的神的属性列表和对于那些所列举的实在性质的极端不可知论结合在一起。在这里，如果康德的理性神学再次面临难以克服的困难，那也不可能说这个传统的其他拥趸会做得更好。

2. 三种有神论证明

康德理性神学最为人所知的是它的否定部分：对普遍承认的上帝存在论证的著名驳斥。首先，是这个方面的康德，像海涅戏剧化地指出的那样，使批判哲学对它自己和随后的世纪产生了"毁灭世界"的影响。在这里像在别处一样，康德以尽可能地系统和彻底为目标。他对思辨有神论的批判，不仅仅是对前辈哲学家提出的特殊有神论证明的一系列攻击。它的目的是表明，不仅没有此类证明曾经获得成功，而且也不会有任何种类上帝存在的思辨证明有成功的希望。

根据康德，我们的上帝概念，和其他理性的理念一样，必然是一个"空洞"和"可疑"的概念，一个没有意义和指称，没有感觉内容和可能的经验指称的概念。在康德把这个概念看作"空洞的"时候，他通过暗示向我们提出了一个没有答案的问题，因为我们永远也不能期望获得与其符合的任何对象的存在和属性的知识。有时，康德似乎意谓，仅仅从理性的理念是

2. 三种有神论证明

空的和必然没有感性内容的事实出发，就可获得这个怀疑论的结论。他说，理性的理念是通过它对象可以被思想但不能被认识的概念，这好像仅仅是从如下事实得出的结论：没有此类概念的感性指示对象能在经验中给予，因此我们永远不能确立与其符合对象的存在或非存在，或规定属于它们的属性。①

如果康德的确想以此方式进行论证，不过，他从没清楚地告诉我们他的论证是什么。或许他的观点是，由于我们可以用来获得此类知识的所有综合原理，或者是来自经验或者是被看作经验知识的可能性的条件，因此，它们没有一个能在相关于超越经验世界的对象的论证中得到信任。康德当然在休谟的著作中发现过这个思路。可是他确实也发现它曾为例如圣托马斯·阿奎那那样的哲学家讨论过。圣托马斯没有发现下面这种推理中有什么错误：由经验地获得的关于运动、因果性和完美的原理得出关于第一存在者的结论，这第一存在永远不能成为感性经验的对象，甚至不能用来自感觉的概念没有歧义地描述。而且，说阿奎那在这里失误了，至少是不显然的。因为，我们为什么会犹豫于得出这样的结论，它们是从我们具有的最确实和综合性的原理（不管它们来自何处）自然获得的结论？

有神论证明，甚至它们中最抽象和先天的一种，也不能仅仅以某种模糊的方式诉诸于经验主义的认识论就可被排除掉。

---

① 《纯粹理性批判》，B xxviii，A 336/B 393，A 348 及下页，A 609/B 637，A 646/B 619 及下页。

康德值得赞扬的是,在他企图确立任何上帝存在的理论证明的不可能性的时候,他没有采取这种途径。取而代之,他从划分所有可能的有神论证明的种类出发,论证在每一种情况中都不会有相应类型的证明获得成功。

康德的策略

康德说有三种基本的最实在的存在者存在的可能性证明:(1)本体论证明,"取消一切经验,完全从单纯概念开始的先天论证";(2)宇宙论证明,"仅仅以一种不确定的经验,即以某种或其他存在,为根据";(3)自然神论证明,"从确定经验及我们感性世界的特殊构造开始"。① 康德纯粹理性的理想第3节到第6节的目的是展示这些证明没有一种是成功的。他的策略是首先破坏本体论证明,然后论证两种别的论证暗中预设了它,以至于它的失败通过一种多米诺效应,导致了最高实在存在的所有可能的思辨证明的失败。

为了这个目的,康德在宇宙论和自然神论证明中区分了两步或两个阶段:第一个步,从某种经验出发证明一种有确定描述的存在者的存在,第二步,证明那种描述的任何存在者必定是一个最实在的存在者。更具体地说,宇宙论证明(在康德的

---

① 《纯粹理性批判》,A 590/B 619 及下页。

2. 三种有神论证明

沃尔夫主义变体中)从某种偶然物(我自己,或一个世界一般)存在的经验事实出发。它继续论证道,由于某种偶然事物必须有一个其存在而不是非存在的原因、根据或充足理由,并且由于一个偶然原因或根据的无限后退是站不住脚的,因而,必然存在一个作为每个偶然事物的第一原因或充足根据的必然存在者。① 这就完成了宇宙论证明的第一阶段。第二阶段论证说在第一步证明的必然存在者必须是一个最实在的存在者。按照一种平行的样式,自然神论证明从自然界的秩序、和谐和优美出发,得出结论说,它们只能由假设存在从其智慧、能力和自由意志可以获得这些目的的一个理智所解释。这构成了论证的第一阶段。第二阶段的任务是表明这个理智是一个最实在的存在者。

令人奇怪的是,康德对这两种证明的每一种的第一阶段都没有提出详细的批判,并且似乎是,至少为了便于论证,同意了两种推论,从某种偶然存在到一个必然存在者的推论和从自然中发现的秩序到一个设计理智的推论。可是,这些让步能够从康德的整体策略获得解释。在他看来,只有每个证明的第二阶段预设了本体论证明。康德感兴趣的多米诺效应没有提出对一个必然存在者或自然秩序的理智设计者论证的驳斥,而是适

---

① 参看沃尔夫:《形而上学》(哈雷,1751年),第1卷,§928,第574及下页。参看《自然神学》(*Theologia Naturalis*)(法兰克福和莱比锡,1730年),1,§69,第55页。

用于理性把这些存在者鉴定为一个最实在的存在者。

这并不意谓着康德确实接受了这两个论证的第一阶段。在论证从偶然存在到必然存在的推论中，他列举了《批判》已经阐明的对这些学说的四种反驳。可是，这些反驳中没有一个明显是决定性的，并且康德本人似乎承认它们被表述得太简要而不足以构成一个明确的反驳。① 关于包含在在设计者论证的第一阶段的类比推理，也有怀疑得到表述，并且康德提示说它"或许不能抵挡犀利的先验批判。"可是，他的反驳不过是再一次暗示到而已。②

康德策略的形成以对他的思辨神学批判的最大可能系统化为目的。但是，不管它在这方面怎样可能成功，它仍具有诸多

---

① "我简短地在前文说过，在这个宇宙论的论证中隐蔽地包含着整个一窝辩证的狂妄，先验的批判可以很容易地揭示并打破这一点。我现在只想把它们列举出来，将之留给已经训练有素的读者去对这些欺骗性的原理进行进一步的探查并加以消除"[《纯粹理性批判》，A 609/B 637，（参看邓晓芒译本，第483页。——译者）]。然后康德继续列举了四种这样的"欺骗性原理"或"辩证的狂妄"：（1）每种偶然存在都有一个原因的原理之使用。"这个原理"，康德断言，"只能适用于感性世界，在那个世界之外就没有任何意义"（参看A 216及以下各页/B 263及以下各页）。（2）"从原因序列无限后退的不可能性推论出一个第一原因。"在康德看来，这个推论"甚至在经验世界"也未被证明（参看A 308/B 364；A 448及以下各页/B 476及以下各页）。（3）"未获得正当性证明的理性关于完成这个序列的自我满足"（参看A 612及以下各页/B 640）；和（4）关于一个最实在的存在者（ens realissimum）概念的逻辑的和实在的可能性的混淆（参看康德：《全集》，第28卷，第2集，第2部，第1023及以下各页；《哲理神学讲座》，艾伦·W. 伍德和格特鲁德·M. 克拉克译，伊萨卡，纽约，1978年，第54及以下各页）。

② 康德在自然神学证明暗示说我们也许会"给自然施加暴力，要求它不仅与它自己的目的一致，也要符合我们的目的（通过和房子、船、钟表等等的类似性）"；他也发现"一个自由运作自然的内在可能性（首先使艺术或许甚至理性自身成为可能）来自另一个尽管是超人的技术"的推论是有疑问的。《纯粹理性批判》，A 626/B 654）。

2. 三种有神论证明

严重的缺陷。首先，康德对宇宙论和自然神论证明批判的力量根本上依赖于他对本体论证明的批判。如果（正如我要论证的）这个批判可能被证明为不足以成为决定性，那么康德实际上根本就没有提出针对其他两种证明的有效批判。毫无疑问，康德相信本体论证明是三种证明中最缺少说服力的，并且这个证明的弱点也很容易揭露。但很有可能的是，本体论证明以某种方式比其他两种更不容易遭受攻击，并且尽管它们的确依赖于它，它们的缺陷可以更容易地被独立的批判揭露出来。康德策略的第二个缺点甚至更加严重。通过实际上使一个必然存在者和一个自然的理智设计者免遭挑战的方式，康德事实上在某些很有争议的问题上向思辨的有神论者做了让步。康德本人总是认为一个不能为神性存在者确立"最高的本体论完满"的神学，必须被断定为彻底的失败。他自己的理性神学的积极方面，不管在其形而上学的还是道德的方面，就像我们在上面看到的，为他提供了如此思考的强有力理由。可是，完全可能的是，思辨神学家可能与他观点不一致，而且难以否认的是，如果我们能够证明世界有一个必然存在的原因和它的秩序的理智的创造者，这个结果会引起重要的哲学兴趣，尽管它不能表明这个存在者是一个最实在的存在者。从这两个方面看，由于康德把他的攻击集中到作为上帝存在证明的"唯一可能根据"的本体论证明身上，他对传统有神论证明的"摧毁世界"的批判的范围受到了他的策略极大地限制。

本体论证明

笛卡尔最令人困惑的论证

在对反驳的第二个答复中，笛卡尔以下面的三段论提出了他的第五个沉思中的上帝存在证明：

大前提：我们清楚明白地理解的属于某一事物的本性的东西，不论是什么，都可以真实地断定属于该事物。

小前提：存在属于上帝的本性

结论：所以，可以真实地断定上帝存在。[1]

这个三段论的大前提立足于笛卡尔的确实性准则，即，在我们"直觉"或"清楚明白地领会"我们所知的一个命题的真理的时候，这个命题就是完全确实的。[2] 这也以他大脑中的天赋观念即他称作"纯粹和单纯的本质"或"真实和不变的本性"观念为根据。[3] 理智通过直接的直觉能够清楚明白领会的

---

[1] 勒奈·笛卡尔：《全集》，C.亚当和P.坦讷利编（巴黎，1904年），第7卷，第150页；笛卡尔：《哲学著作》英译本，海德和罗斯编（纽约，1955年），第2卷，第45页；参看笛卡尔：《全集》，第7卷，第166及下页；笛卡尔：《哲学著作》英译本，第2卷，第57页。

[2] 笛卡尔：《全集》，第7卷，第35页；笛卡尔：《哲学著作》英译本，第1卷，第157及下页；笛卡尔：《全集》，第10卷，第368页，笛卡尔：《哲学著作》英译本，第1卷，第7页。

[3] 笛卡尔：《全集》，第7卷，第35页；笛卡尔：《哲学著作》英译本，第1卷，第157及下页；笛卡尔：《全集》，第10卷，第368页，笛卡尔：《哲学著作》英译本，第1卷，第15页。"直觉"、"纯粹和单纯的本质"是笛卡尔论这个主题的著作《指导思维的方法》一书的典型术语。而"清楚明白地领会"和"真实不变的本性"是《沉思》和其他晚期著作的典型术语。

2. 三种有神论证明

这些东西，先天地提供了一批确定的知识。此类本性的最佳例子大概是由数学提供的。例如通过检查一个三角形的本性，大脑能够先天地知觉和完全地确定这个图形必然具有最大边对着最大角、内角之和等于两个直角以及其他属性。清楚地知觉到的任何属于一个真实和不变本性的属性，可因此确定地属于它。

但是，笛卡尔也坚持认为我们拥有的大批观念中有一个表现着一个具有所有完满的存在者。笛卡尔三段论的小前提立足在对这个最完满存在者的真实和不变本性的理智探究基础上，并且结论认为，存在属于它的诸多完满性之一。实际上，笛卡尔主张存在是一种完满，这种完满属于任何不包含矛盾的本性。他如此主张是由于他和休谟相信，"设想一个事物和设想它存在，是不能彼此相区别的。"① 例如，如果我形成一个长翅膀的马的心理形象，我就把它当作存在的来描述。如果我设想一个三角形物体，我就在思想中赋予它如果它是一个实存事物就会有的所有属性。当然，在我思考此类事物的时候，我并不必然相信它们存在，更不能得出结论说，我设想它们是存在的，它们实际上就是现实事物。根据笛卡尔，这是由于在思想中属于它们的那类存在只是"可能存在"。也就是说，当我认为一个三角形物体存在的的时候，我自然认为它具有属于这样一种事物的存在，这种事物的存在依赖于其他事物的存在或因

---

① 休谟：《人性论》，塞尔比-比格（Selby-Bigge）编（牛津，1967年），第66页。

果效应。如果我所思考的三角形物体实际上存在，它必然是由外在于它的某种原因造成的，并且它的继续存在要归因于维持它的各种原因和环境。根据笛卡尔的观点，这种存在的偶然性是所有物体和有限灵魂的本性的一部分，并且属于我们对这些事物的思想的一部分。因而，可能的或偶然的存在是我们设想任何有限事物的时候，清楚明白地领会到的完满性之一。

可是，在我们把注意力转移到一个最完满存在者本性的时候，问题就不同了。因为，我们注意到这样一个拥有一切能力的存在者，其存在不可能为任何存在者所阻止，也不依赖于任何外在于它的事物而拥有存在。根据笛卡尔，从上帝的万能就能得出"他能依靠自己的力量存在"的结论，并且从这样的事实出发，"我们因而得出结论说，他真实地存在并且永远存在；因为，我们从自然之光认识到，依靠自己的力量存在的存在者总是存在着。"① 所以，有某种更高和更完满的存在属于上帝真实和不变的本性，这种存在比属于有限事物本性的存在更高更完满。属于有限事物的仅仅是可能的或偶然的存在，反之，属于上帝本性的却是必然性存在：

> 我不怀疑任何勤奋地致力于上帝的观念和一切其他事物之间差异性的人将会认识到，尽管这些其他事物也被理解为存在，仍然不能得出结论说它们存在，而只能说它们

---

① 笛卡尔：《全集》，第7卷，第119页；笛卡尔：《哲学著作》英译本，第2卷，第21页。

2. 三种有神论证明

能够存在，因为我们不理解它们的必然存在是与它们的属性结合在一起的；然而，由于我们知道，现实存在是必然的，并且总是与上帝的其他属性结合在一起的，因此，可以得出上帝存在的结论。①

康德所思考的本体论证明基本消除了笛卡尔证明的精致细节。它似乎仅仅相当于一个断言：因为命题上帝存在是一个分析命题，所以上帝存在。康德说，"论证是这样的：一个最实在的存在者是某种把所有实在包含在自身中的存在者。但是存在也是一个实在。因而最实在的存在者一定必然存在。这样，如果有人要断言上帝不存在，他就会否定包含在主词内的谓词中的某种东西，这就造成了一个自相矛盾。"②

像我们在前面注意到的，在康德的术语中，在谓词包含在主词的概念中的时候，一个命题是分析的。③ 对康德来说，由不同的实在和否定构成的每一个概念都由确定的"标记"和"特征"组成。例如，物体的概念包含了空间广延、不可入性和形状等特征。因此，在我们断言命题"所有物体都是广延的"时候，我们陈述主词的谓词就已经包含在它自己的概念中了。所以，我们的命题是分析的，它的否定包含了一个自相矛

---

① 笛卡尔：《全集》，第7卷，第116及下页；笛卡尔：《哲学著作》英译本，第2卷，第20页。
② 康德：《全集》，第28卷，第2集，第2部，第1027页；《哲理神学讲座》，第58页。
③ 《纯粹理性批判》，A 610/B 638。

盾。根据康德，这样一个命题可以先天地被认为真，因为只有主词概念的内容的清单才是这种知识所要求的。不过，有些其他的规定处于物体概念的内容之外（例如，重量和颜色）。因而，命题"所有物体是有重量的"和"这个物体有颜色"是综合命题。如果它们是真的，谓词必定"归属于"或"连接于"主词概念，而不是"包含在其中"。一个把主词概念和处在它之外的谓词"综合在一起"或"和在一起"的判断，如果我们断定此判断是正确的，就要求除了这个概念以外的其他东西来确立它的正当性。在经验判断的情况下，这个"其他东西"是我们关于对象的经验。在先天综合判断的情况下，根据康德，唯一可用的证明是诉诸于所有可能经验的条件。

康德所理解的本体论证明，从上帝这样一个最完满存在者或最实在的存在者的概念开始，这个概念绝对地包含了一切实在，根本没有任何方式的不完满和否定。所以，只要假定F是一个完全由实在构成而不包含否定的谓词，一切"上帝是F"形式的判断就都是分析的，因而是先天真的。但是根据论证，"存在"或"实存"是此类谓词。因为说一个事物存在当然就是关于它说了某种绝对肯定的东西。因此，命题"上帝存在"是分析的，因此先天地真。

存在和谓项

康德对这个论证的批判的主要力量，似乎来自他关于一切存在命题必定是综合命题的断言。这个批判是非常知名的，可

2. 三种有神论证明

是康德自己表达它的方式却包含了一些困难的术语和人们不熟悉的逻辑背景。他争辩说，本体论论证的主要错误是"逻辑"谓词和"实在"谓词或"规定"的混淆：他说"任何东西只要我们愿意都可以做一个逻辑谓词……可是一个规定是一个添加到主词的概念上并增加其内容的谓词，因此，它必定不包含在它其中。"①

正如我们看到的，对康德来说，"规定"一个事物的概念，就是按照某种理性程序，通过用谓词陈述它，把关于该事物的信息添加到已知的内容中。无论任何东西都可以做一个"逻辑谓词"，或占有句子中的谓词位置。但不是一切事物都可以做一个"实在的谓词"或"规定"，即做这样一个谓词——在添加到主谓命题的一个概念上的时候，"规定"它，或给予我们一些属于它的一些新信息。根据康德，在我们说一个事物存在的时候，没有这种类型的新信息提供给我们。"存在"，他说，"明显不是一个实在谓词，即，它不是可以添加到一个事物概念之上的任何事物的概念。"②

可是，这些断言与本体论论证的关系，不是可以立刻令人明白的。因为，这个论证，尤其是康德所表述的这个论证，从来不声称"存在"是在给予我们关于上帝的新信息，或把原本不包含在其中的某种东西添加到我们的概念中的意义上，"规

---

① 《纯粹理性批判》，A 599/B 626。
② 《纯粹理性批判》，A599/B626；康德：《全集》第28卷，第2集，第2部分，第1027页；《哲理神学讲座》，第59页。

定"我们的上帝概念。相反,本体论证明的全部要点是要证明"存在"不是一个需要"添加"到上帝概念的谓词,因为说命题"上帝存在"是分析地真,恰恰是这个证明的一个论点。如同康德承认的,该证明是从早已为它的内容所通盘规定了的一个最实在的存在者的概念开始的;它把上帝的必然存在像包含在这个概念中的一个实在那样从其中抽取了出来。

事实上,康德提出批判的方式,甚至使之像是他正在索要与他所要证明的相反的东西。因为,如果存在不是可以添加到一个事物概念上去的某种东西,考虑到康德的命题结构的概念,唯一的替代选择是,它是某种包含在它的概念中的某种东西。但是,在那种情况下,结果就会是,每一个存在命题都是分析的。当然,这正是和康德要论证的观点相反的。此外,它是一个如此明显的错误观点,甚至本体论证明的支持者放弃它也将不会有短暂的犹豫。①

可是这样解释康德的话语必定是错误的,不管它怎样自然。在康德否定"存在"可以"添加到"一个事物的概念的时

---

① 杰罗姆·舍弗(Jerome Shaffer)注意到了康德观点中的明显不一致:"什么是'实在'谓词?康德把它定义为'添加到主词的概念之上并使其增大'的某种东西。可是,这是康德所使用的一个最不幸的定义,由于它导致了与康德另一个重要学说——即存在命题总是综合的命题的矛盾。综合判断是那些'把一个谓词添加到主词的概念上去'的判断,"这一谓词没有以任何方式被想到存在于主词的概念之中",并且如果存在判断总是综合的,那么'存在'必定是一个添加到主词概念的一个谓词,简言之,是一个前面定义的'实在'谓词。""存在,谓项和本体论证"("Existence, Predication and the Ontological Argument"),载《第一批判》(*The First Critique*),特伦斯·潘尼霍姆(Terence Penelhum)和J.J. 麦金托什(J. J.Mclntosh)编(贝尔蒙特,加利福尼亚,1969年),第125页。

候，很清楚他并没有承诺去主张所有存在命题都是分析命题，他也不是有意否认（每一个人不存在争议地承认的）在我们有时按照"X 存在"的形式说某物的时候我们在提供关于 X 的某些新信息。我想，如果我们从一个不同的方向理解他的这些话语，康德的要点就可以被领会到。他从任何概念的内容必定取自在进一步的概念规定中提供给我们的各种实在和否定的同一个库存开始。根据他的看法，一个概念的内容为我们提供了某些鉴别标记，这些鉴别标记能使我们为了进一步规定的目的挑选出一个对象。例如，"物体"概念把一个给定的特殊物确定为一个广延的、不可入的某种形状的事物；并且，利用这个概念，我们能够继续说这个特殊物是有颜色的、有重量的等等。可是，在康德看来，任何此类识别标记，必须是可能（在另一个语境中）用来把属于一个概念的东西添加到我们的信息库存中去的一个属性。因此，如果（逻辑）谓词"存在"不能被用来规定它所陈述的概念，那么，就不存在谓词"存在"在其中作为内容或识别标记的概念。并且，如果情况就是这样，那么就没有"X 存在"形式的命题能够是分析的。

根据康德，"存在"不是一个规定或实在谓词。因而，它不能作为一个识别标记用以构成某种概念的内容。准确地说，它仅仅设定在自身存在的一个事物或某些规定。在我们说"上帝存在"或"有一个上帝"的时候，我们没有把新谓词附加到上帝概念，而是设定主词本身以及它的所有谓词。存在，因此，不是一个实在或完满性。根据康德，"实际存在物包含的不过仅仅是可能性。实际的一百元钱包含的一点也不多于可能的一百元钱……但是我的财政状况在实际的一百元钱的情况下要多于在只有它们的单纯概念的情况。"①

因此康德的批判有赖于在两类综合命题之间做出的区分：(1) 用某种实在（或否定）做谓项来规定或添加主词的概念的那些综合命题；(2) 对概念或概念中思考的诸规定进行"设定"的综合命题。在前一种情况下，用于一个事物的诸规定或"实在谓词"或许（在另一种语境中）成为主词概念内容的一部分。并且，现在仅仅就那些由实在构成的事物而言，我们先天地知道它们中的任何一个都属于一个通盘规定的最实在的存在者的概念。如果"is"或"exists"是一个此类的实在谓词，那么，命题"上帝存在"（exists）是分析命题的断言就不可以被否定。但是，康德主张，在我们断言某物存在的时候，我们没有把任何实在归属于它；我们没有用可能（在另一个语境中）构成主词概念内容组成成分的识别标记的任何东西来规定它的概念。由于存在不是一个实在，我们不要求在最实在的存在者（ens realissimum）的概念里想到它，因而不需要得出这样一个存在者为一个分析命题所断言的结论来。在我们断定某物存在的时候，我们没有"添加"主词概念，而是"设定"这个概念或"设定"包含在其中的诸规定。

最近哲学家们不说"设定"（positing）而是谈论断言一个

---

① 《纯粹理性批判》A 598 及以下各页/B 626 及以下各页；参看康德：《全集》，第28卷，第2集，第2部，第1028页；《哲理神学讲座》，第59页。

2. 三种有神论证明

概念的"实例化"(instantiated)或断言它"适用于某物"。无论如何，他们的观点似乎与康德一致，并且康德被正确地认为对本体论证明做了同样的批判。像康德一样，他们坚持认为断定一个事物存在和把任何属性归属于它是完全不同的。而且他们也意欲从此得出结论说，存在不能合法地包含在一个事物的概念中。存在不是一个事物的识别标记，也不是指示该事物的词语或描述的意义的一部分，事物的概念是实例化的，或者说这一语词或描述成功地指称或应用于事物。无论如何，从这个推论，随之可以得出逻辑的结论，即断定存在的命题不是分析命题。

和这个观点的很多支持者一样，康德认为其真理性是显然的，是"任何有理性的人都承认"[①]的某种东西。可是对于笛卡尔和其他本体论证明的支持者而言它就不是如此显然的了。因为，笛卡尔肯定知道，说"上帝存在"就是说上帝的概念是实例化的，就是说"上帝"一词或"最实在的存在者"的描述成功地指称或应用于某物。因而，他必定相信，与康德的观点相反，一个概念的必然实例化能够包括在它的内容中。康德给他提出了什么样的论证使其放弃这种信念？

康德唯一真正的论证（至少是我所发现的唯一一种）是在下面的段落表述的：

---

① 《纯粹理性批判》，A 598/B 626。

不管我通过什么谓词和通过多少谓词（哪怕我在完全规定中思考它）来思维某物，即使我再加上"某物存在"，仍然不能对该物有一丁点儿的增加。因为否则的话，所实存的就并不恰好是我在概念中所想到的东西了，而我也不能说实存着的正好是我的概念的对象了。甚至即使我在一物中想到了除了一种实在性外的一切实在性，那么我也不能凭我说这样一个有缺陷的物'实存着'而把那个缺损的实在性补加上去，相反，该物恰好带着当我想到它时的这种缺陷而实存着，否则就会有不同于我所想到的另一个某物实存着了。①

我想，康德的论证可以公正地如下解读：让我们把"几乎完满的存在者"的名字给予拥有除了一种之外的所有完满性的任何实体。并且让我们假设我们面前有这样一个存在者的概念，只是我们不知道那个特殊的几乎完满的存在者缺少的是哪一种实在。现在，康德的论点是，如果我们假定"存在"是我们要找的实在，那么我们就被诱导进了荒谬的结论。假设它存在，在这种情况下，如果我们思考的几乎完满存在者存在着，它会拥有缺失的实在，并且因此就不是几乎完满的，而是彻底完满的了。但是这就与我们在思考一个几乎完满存在者的假定产生矛盾，从而是荒谬的。所以，存在不能是我们要寻找的实

---

① 《纯粹理性批判》，A 600/B 628；参看康德：《全集》，第28卷，第2集，第2部，第1028页；《哲理神学讲座》，第59及下页。

2. 三种有神论证明

在。但是没有任何限制可以强加到我们的几乎完满存在者缺失的实在上面。所以，如果存在不能是丢失的实在，这只能是因为存在本不是一个实在。并且这就是康德对证明所期望的。

和杰罗姆·舍弗一样，我发现令人惊奇的是，这个论证很久以来都获得了支持，并且别的方面头脑清醒和富有批判性的如此众多的哲学家都发现它可信。如果我们重复上面的过程，这一次假设"万能"（或任何别的无可争议的实在谓词）是几乎完满存在者缺失的实在，我们能立刻发现它是无法正确的。在那种情况下，我们也将必须承认，如果该几乎完满存在者是万能的，它就会拥有缺失的实在，并且，因此，与我们最初的假定相反，是彻底完满的。如此，如果康德的证明成功地表明存在不是一个实在谓词，它也会成功地显示没有什么东西可以成为实在谓词。①

在我看来，在两种情况下假定的荒谬性，是由"几乎完满存在者"或"拥有除一种之外所有实在"的模棱两可造成的。这些表达式能意谓两种之一：（1）一个具有除一种之外所有实在的存在者，但并不必然具有这一实在；或者（2）一个存在者具有所有实在，仅有一种实在缺失，并且是必然地缺乏这一实在。如果它意谓（1），假设它具有缺失的实在完全没有什么荒谬的（不管那个实在是存在、万能还是别的什么）。至多存在一个字面上的矛盾，就像一个牧羊人说丢失了的羊被找到

---

① 舍弗："存在，谓项和本体论证明"，第126页。

了。另一方面，如果"几乎完满存在者"意谓的是（2），那么就可以正确地指出存在一种荒谬性，但是这个荒谬性无关乎我们假设缺失的实在是什么。它反而来自于，如果几乎完满存在者具有一种它被假定必然缺少的实在，我们对这种情况是什么的思考。我们无论怎样理解该论证，它绝不是表明存在不是一个实在、完满性或真正的谓词，或者"X存在"形式的命题不能是分析命题。①

康德的确成功地提出了一种关于存在和谓词的观点，如果它是正确的话，它就能一劳永逸地去除逻辑上必然存在的概念，并且去除本体论证明。但是他没有给我们提供充足的理由使我们认为他的观点是正确的。康德的观点曾经、现在还广泛地被接受，甚至（归功于弗雷格和罗素的采用）经由存在量词，被植入形式逻辑的标准系统中。可是据我所知，没有人曾

---

① 舍弗在这一点上还有另一个对康德错误的诊断："这里的困难存在于对谓词不完全的描述。在我说如此如此（so-and-so）是这般这般（such-and-such）的时候康德似乎认为我在做两种事情之一：或者我在从如此如此的概念中抽取这般这般的概念（一个分析判断），或者我在通过添加这般这般的概念到如此如此的概念上而修正它（一个综合判断）。……但是有时候说如此如此是这般这般，既不是分析如此如此的概念，也不是修改它，而是，大略而言，关于设想的对象说些什么"（同上）。当然，在一个哲学家论证犯了错误的时候，有时难于准确地确定什么错了。但是，综合命题"修正"主词概念并因而把此谓词作为一个部分包含在这个概念中，这当然不是康德的一般观点（见刘易斯·W. 贝克，"康德的综合判断能够变成分析的吗？"载《康德》，罗伯特·保罗·沃尔夫编，加登城，纽约，1967年，第13及下页）。当然，康德的确主张，在我们用一个谓词陈述主词时，我们的确断定那个谓词"属于"或"联结于"那个概念，作为主词概念所指示对象完全规定的经验整体的一部分。但是，正像我们前面观察到的，他在一个谓词"属于"一个概念（像在真正的综合判断中）和它的"包含在"主词概念中（像在分析判断中）之间做了明确的区分。

2. 三种有神论证明

经为它提供过一个真正有说服力的论证。

康德观点的党徒经常引用G.E. 摩尔的"驯服的老虎"的例子,作为对它有利的证据。① 根据摩尔,"驯服的老虎咆哮"的句子在"所有驯服的老虎咆哮"、"大多数驯服的老虎咆哮"和"有些驯服的老虎咆哮"之间是模棱两可的。但是,他断言在句子"驯服的老虎存在"中不存在这样的模棱两可:它必定意谓"有些驯服的老虎存在"(some tame tigers exist)或"存在驯服的老虎"(there are tame tigers)。摩尔认为像"所有驯服的老虎存在"和"大多数驯服的老虎存在"这样的句子根本没有任何意义,或至少没有清楚的意义。② 在摩尔看来,通过比较句子"有些驯服的老虎咆哮"和"有些驯服的老虎存在"的(内在的)否定,在"存在"和实在属性(例如"咆哮"和"抓搔")之间甚至更有意义的区分就显示出来了。根据摩尔,"有些驯服的老虎不咆哮"有一个完全清楚的意义;可是,"有些驯服的老虎不存在"就根本没有意义,或至少没有一个清楚的意义。摩尔承认,通过在我们的讨论范围把虚构的或想象的驯服老虎包括在内,我们能够给予这个句子一个意义。但是,他争论说,如果我们这样做,我们就在这两个句子中"改变了'存在'的意思"。③ 在这里他心中想的大概是,"有些驯服的

---

① G.E. 摩尔(G. E. Moore):"'存在'是一个谓词吗?"("*Is 'Existence' a Predicate*?"),载《本体论证明》(*The Ontological Argument*),A. 普兰丁格(A.Plantinga)编(加登城,纽约,1965年),第71及以下各页。
② 摩尔,同上,第74-75页。
③ 摩尔,同上,第75-76页。

老虎存在"（some tame tigers exist）可被看作等价于"存在有驯服的老虎"（there are tame tigers），但是前一个句子的（内在）否定不能等同于后者的否定。

对我来说不清楚的是，在这些例子中，摩尔在"存在"和其他属性之间是否观察到了任何有意义的区分，或至少是与本体论证明相关的区分。如果，通过把虚构的或想象的老虎包括在我们的讨论范围内，我们能够给予"有些驯服的老虎不存在"的句子一个意义，那么，使用同样地手段，我们确实能够给句子"所有驯服的老虎存在"和"大多数驯服的老虎存在"赋予一种意义。而且，摩尔下面的暗示是误导性的：在采用这样一个论域的时候，我们改变了词语"存在"的意义，或确实做了些与存在属性有特殊关系的什么事情。我们不妨以同样的方式，为例如"某些驯服的老虎咆哮"和其他不包含存在谓词的句子，拓展我们的论域。这是多么自然地有赖于具体语境。如果我说"某些牛仔英雄拥有白马"，考虑到我说话的文化背景，把虚构的以及真实的牛仔英雄包括在主词的取值范围内，似乎是很自然的。在其他情况下，这样做就会不够自然。像摩尔观察到的，这样一种理解为"有些牛仔英雄存在，而有些不存在"所正面要求着，这是事实。并且这一事实或许可以把存在和其他谓词的重要区别指出来。但是，这些区别能如何表明存在不能被包括在一个事物的概念中，或所有存在命题必定是综合的，这本来是一点也不明显的。或许，存在像"存在驯服的老虎"（There are tame tigers）的短语作为对"有些驯服的老

2. 三种有神论证明

虎存在"的释读的事实，使康德的论点提出得更有说服力。因为不存在此类自然的短语可以释读"有些驯服的老虎咆哮"的句子；并且短语本身——像它那样，缺乏同样明确的主谓形式，可能给予如下观念以支持：在我们说"X 存在"时，我们在说某种其深层逻辑结构（与其表面的语法结构相反）不是一个主谓判断的句型。但是此类短语的存在确实构成不了对康德观点有利的真实论据。

哲学家们推进的有利于康德关于存在和谓词立场的思考，在我看来都是微不足道的。据我所知，一些哲学家为什么接受这个立场的主要理由是，一旦我们接受了这个立场，我们就有了一些貌似真实的理由来排斥本体论证明，并且因此，正好可能获得某种途径，把我们自己从这个证明可能是合理的令人心烦的可怕疑惑中解放出来。毫无疑问，对很多哲学家来说，这必然是对康德立场的强有力推荐。但是，若要对一笛卡尔的信徒造成较多的印象，这简直是不能期望的。

另一种脱身之计

不是所有拒绝本体论证明的人，都发现有必要采纳康德关于存在和谓项的观点。例如，笛卡尔的同时代人卡特鲁斯似乎既主张存在是一种完满，又主张必然存在包含在一个最完满存在者的概念中，或者被最完满存在者的名字本身蕴含着。可是他发现第五沉思的证明不能令人信服。

即使假定单一个最完满的存在者的名字就蕴含着它的存在,仍然不能得出结论说这个存在本身是某种实际存在的某物,而只能得出结论说存在的概念和最高存在的概念不可分别地联系在一起。从这儿你不能推论出上帝的存在是某种现实的东西,除非你假定这样一个最高存在实际上存在着。因为,那时它就具有了和真实存在一起的所有完满。①

在这个段落里,卡特鲁斯认可命题"上帝存在"是一个分析命题(用康德的术语表述这个认可)。可是他否定我们有资格从此得出上帝实际上存在的结论,除非我们已经假定上帝实际存在。卡特鲁斯的观点似乎是,没有东西能够实际上陈述一个主词(甚至不能通过一个分析命题或一个显然的同语反复),除非这个主词存在。这样一种主张有可能来自我们已经在康德那里见到的一个观念,即在一个主谓命题中,主词是用来挑选出某事物,而谓词被用来述说挑选出来的事物。为了使用这样一个命题说某物是真的,两种词项都必须履行它们的职责。当然,如果谓词不属于或不适用于挑选出来的主词,命题就是假的。但是,根据这种观点,如果主词不能指称任何事物,该命题也将不是真的。支持这个观点的人不需要主张在后一种情况下命题是假的。不过他也许如此主张,或者也许否定它具有任

---

① 笛卡尔:《全集》,第7卷,第99页;笛卡尔:《哲学著作》英译本,第2卷,第7页。

2. 三种有神论证明

何真值。(在卡特鲁斯的反驳中，我不能发现在这一点上他的观点是什么。)

卡特鲁斯的见解的一个可能的缺点是，它要求我们否定例如"一个独角兽只有一只角"和"六头狮子有六个脑袋"，以及其主词恰好没有指称任何实际事物的分析命题等等一类命题的真值。通过允许主词的指称把想象或虚构的实体以及其他具有非实际模式的存在包括在内，该见解也许能从这个困难中被拯救出来。可是，对此卡特鲁斯似乎并不许可，并且在我们现在看来，如果他在这一点上采取更温和的立场，他对本体论证明的批判就会失去一些力量。因此，在我们思考像"一个独角兽只有一只角"的命题的时候，摆脱本体论证明的康德途径似乎比卡特鲁斯的更可取。因为它保证了关于非存在物的分析命题的真值。另一方面，像卡特鲁斯指出的那样，我们可以形成"存在的狮子"的概念并从它得出分析命题，"存在的狮子存在着"，但是我们并不被诱使把这些看作对狮子存在的先天证明。卡特鲁斯的观点似乎比康德的观点对为什么如此的问题解答得更好。因为康德处理这件事，必须通过完全否定像"存在的狮子"这样概念的合法性，并且其关于存在和谓词观点的真正可信论证的还不存在的情况下进行，这似乎有些武断。每一种摆脱本体论证明的方法，因而都有其优点，也存在着它的问题。

这两种摆脱本体论证明的方法是相当独立的。每一种都可以离开另一种而被采纳，或者同时两者都被采纳。实际上，存在证据表明康德本人采纳了卡特鲁斯以及他本人对本体论证明的批判。这种批判最清楚的表述大概出现在康德1755年的《新解释》一文中。那时候,康德还没有清楚地和完全地得出立足于他的关于存在和谓词的观点对本体论证明的更彻底批判,因此他是从非常类似于卡特鲁斯思路的思考中进行批判的:

> 我当然知道,一些哲学家对上帝概念本身提出诉求,并假定存在在这个概念中得到规定。但是很容易看明白的是,这样做到的也许只是在观念上的真,而非实际的真。你为自己形成了一个其中含有一个实在总和的存在者的概念。并且必须承认,根据这个概念,存在必定属于它。因此,论证如此展开:如果在某些存在者中所有实在不分程度地统一在一起,那么那个存在者存在;如果它们被设想为统一的,它们随之也存在着,但只是在观念中存在。因此,该命题也许如此形成:在为我们自己形成我们叫作上帝的概念的时候,我们如此规定它使存在也包括在它之中。如果这个预想的概念是真的,那么上帝存在。说这么多,也许仅仅代表了赞同笛卡尔论证的那些人。①

在这个段落,康德似乎承认存在是一个实在,并且因而可能出现在一个最实在的存在者概念的内容中。和卡特鲁斯一样,他的反驳的是从这里推出最实在的存在者实际上存在的结

---

① 康德:《全集》,第1卷,第394及下页;参看英格兰:《康德的上帝概念》,第223及下页。

2. 三种有神论证明

论。他说,所有我们有资格推论出的不过是,这样一个存在者在观念上存在,或存在于观念里。

帕通注意到,在《批判》中康德经常提示,甚至分析判断也是被设定为相关于对象,而不仅仅相关于概念。并且帕通把这看作康德的牢固信念的一个例子,这个牢固信念是:一个命题的真总是来自它与一个对象的符合。① 这样一种观点意味着,如果一个命题要算作真的,甚至一个分析命题的主词也必须成功地指称一个对象。在一个段落康德看起来甚至从这个立场批判本体论证明。他说,如果命题"这个或那个事物存在"被看作分析的,那么"断言这个事物存在并不增加对这个事物的思想。但另一方面,或者在你里面的思想就是事情本身,或者你预设了属于可能性的一个存在,然后根据这个断言你从内在可能性推论出存在——这不过是一个可怜的同语反复。"②康德在这个段落中的思路似乎是,如果"X 存在"形式的任何命题被看作分析的和真的,那么它的主词概念的某些指称对象的存在就已经被预设了。这个被指称对象或者必须被看作存在于某人大脑中的这个概念的思想(理解这样一个命题的很不自然的一种方式,显然不是本体论证明的支持者所意指的),或者为了这个指称可能得到保证,必须预设某个与主词概念相符的对象实际存在。在后一种情况下,本体论证明当然会成为直截

---

① H.J. 帕通(H. J. Paton):《康德的经验形而上学》(*Kant's Metaphysic of Experience*)(伦敦,1936 年),第 1 卷,第 214 页,注释 3。
② 《纯粹理性批判》,A 597/B 625。

了当的窃取论题。

康德坚持每一个真实的谓项都要求主词的某种指称对象的实际存在的观点，康德对这一观点的坚持也帮助我们理解《批判》中的这一节中康德说的其他一些东西。他在叙述"存在"不是一个实在谓词，而是"设定一个事物或某些规定"的观点之后，立刻展开了对这个观点的如下解释："命题：上帝是万能的包含了两个概念，各有自己的对象：上帝和万能。小词is仍然不是在这之上的另一个谓词，而是把谓词设定在与主词关系中的东西。"① 把这些关于系词"is"的言论看作与本体论证明无关的言论是很有诱惑的（并且我相信最终是正确的）。本体论证明根本上说与用来连接主词和其他谓词的动词"to be"的用法无关，而与（据称）自身就是充分的谓词的用法相关。但是，这个段落所表明的是，对康德来说，系词"is"像仅仅断定它的主词的存在的"is"一样，具有在真实世界"设定"和我们的概念相对的某物的功能。对康德来说，"存在"在"上帝存在"中没有给主词添加什么谓词，而是"设定"一个与主词概念相符合的对象。同样，在"上帝是万能的"句子中的系词"是"（is）在与命题的主词的关系中"设定""万能"的真实属性。这里和前面一样，设定某物，必定意味着断言符合我们概念的一个对象在大脑外的存在。因此，系词"is"必然断言一个属性（例如，万能）的真实存在，这个属性与主词

---

① 《纯粹理性批判》，A 598/B 626。

2. 三种有神论证明

（上帝）存在关系范畴上的偶性和实体关系。但是一个实存的属性一定不能依存于一个主词，除非这个主词也实际存在。实存着的万能只能依存于一个实存着的万能的事物。因此，康德关于系词"is"的"设定"功能的观点，似乎把他投入到卡特鲁斯的观点：每一个真实的谓项都预设了主词指称事物的真实存在。

笛卡尔的答复

伽桑狄通过断言存在不是一种完满性，暗示了对笛卡尔的第五沉思的证明的康德式的批判，对此笛卡尔唯一的反应是不耐烦：

> 这里我不明白你要把存在当作哪一类事物，如果能使术语"属性"，像在这里一定要成为的那样，包括任何属性或任何可以陈述一个事物的东西，我也不明白为什么它不可以被说成是一个和万能一样的一个属性。必然存在，在它唯独属于他并且构成其本质部分的最严格意义上，的确是上帝的一个真正属性。①

这个答复当然对于康德提出的更充分的观点是不够的——这种更充分的观点也是要挑战笛卡尔在这里的断言：存在在最

---

① 笛卡尔：《全集》，第7卷，第382及下页；笛卡尔：《哲学著作》英译本，第2卷，第228页。

充分和严格意义上陈述事物。但是在我看来，甚至康德版本的批判也不能动摇笛卡尔在本体论论证中的信心，除非这个关于存在和谓项的论点获得比康德实际上提供的更有力的论据所支持。

可是，与他对伽桑狄反驳的简短答复相比，笛卡尔对支持着卡特鲁斯批判的观点表示了很大的同情。他赞同卡特鲁斯，从一个谓词P被规定为主词S意义的一部分（或，用更康德式的说法，命题"S是P"是一个分析命题）的事实出发，不能得出S实际上是P的结论来。对笛卡尔来说，我们不能通过定义使一个三角形内角之和大于180度，也同样不能通过定义使一个事物存在。特别的是，笛卡尔乐于承认我们不能仅仅从"上帝"的名字暗示了上帝存在的事实推论出上帝存在。他说"因为一个词语表示某物如此的事实并不使其成为真的。"①

在笛卡尔看来，第五个沉思的证明的关键是，上帝的观念向我们指出了一个"真实不变的本性"，而例如"存在的狮子"的语词复合仅仅指示出我们大脑形成的一个武断综合。通过分析后一类概念，我们能够获得的不过是我们"虚构地"放到它里面去的东西。可是，一个真实不变本性的观念，为我们指出了在事物的性质中必然结合在一起的属性的一个真正综合："不是我的思想能够使其出现（上帝存在），我的思想也不把任何必然性强加给事物；而是相反，由于必然性内在于事物本

---

① 笛卡尔：《全集》，第7卷，第115页；笛卡尔：《哲学著作》英译本，第2卷，第19页。

2. 三种有神论证明

身,即上帝的必然存在,规定我如此思考。"① 因此,对这类本性的分析为我们提供了大脑外实在的真正知识。

因而,对笛卡尔来说,从"S 是 P"是一个分析命题的事实出发,我们能够推论出 S 实际上是 P,但这仅仅在如果 S 指示一个真实不变的本性并且 P 能够被大脑清楚地认识到属于那个本性时才成立。笛卡尔认识到,由于我们不习惯于把真实不变的本性与大脑武断的虚构区分开,并且由于我们习惯于思考其本性仅仅包含可能性或偶然性存在的事物,而不习惯于思考必然存在无条件地单属于它的一个最完满本性,我们或许对他的证明心怀提防。然而,笛卡尔坚持认为,对我们的最完满存在者理念的仔细观察,可以揭示它是一个具有真实不变本性的理念,而且是一个有实际存在的完满性归属于它的理念。

这样,根据笛卡尔的观点,从"白马是白的"的分析性我们不能先天地推论任何马实际上都是白的,由于不管"马"还是"白马"都不能命名一种真实不变的本性。可是从"一个三角形的内角之和等于两个直角"的分析性,我们能够得出结论说一个三角形确实具有这一属性,因为"三角形"命名一个真实不变的本性。而且,即使没有三角形或三角形的物体实际上存在,这个结论还是一个正确的结论。因为,在真实不变本性

---

① 笛卡尔:《全集》,第7卷,第67页;笛卡尔:《哲学著作》英译本,第1卷,第181页。

的情况下它们的本质属性实际上属于它们并且可以真实地陈述它们,无论这些本性是否实际上在任何具有独立于我们思想的实在或形式存在的事物中实例化。我们一定不能从其真实不变的本性推论出一个三角形(或任何除了最完满存在者以外的其他东西)的实际存在,因为只能推论出属于这类本性的可能或偶然存在。

此外,对笛卡尔而言,"一个存在的狮子存在"是一个分析命题的事实并不授权我们去推论出任何狮子的现实存在,因为"狮子"和"存在的狮子"都只能命名偶然或仅仅虚构观念的对象。不管怎样,"上帝存在"命题的分析性却授权我们推论出上帝的实际存在,因为"上帝"或"最完满存在者"命名了实际存在必然归属于它的一个真实不变的本性。

然后很显然,在真实不变本性的情况下,笛卡尔没有接受每一个真实的谓项预设主词指称对象的存在的原理。在安东尼·肯尼提出对笛卡尔来说此类本性具有一种介乎存在和非存在之间中性的非实在本体论身份的时候,我相信他是正确的;甚至在它们并不"存在"于外部世界的时候,也被"给予"思想。[①] 追随某些经院哲学家,笛卡尔把一种"客观存在"作为思想的意向性对象授予此类本性。并且在第五沉思中引进此类对象的目的是要指出,通过使用它们作为主词的指称对象,真

---

① 肯尼:《笛卡尔》(纽约,1968年),第155页。

2. 三种有神论证明

正的谓项可以做成。① 确实，笛卡尔并不想要把这些对象等同于我们的思想本身，在他看来这些思想本身是一个思维实体实际存在的诸形式。在他看来，一个真实不变本性的构造不以任何方式依赖任何（有限）的大脑，并且，即使它们永远也不被我们所思考，属于这些本性的谓词仍将属于它们。

现在我们可以明白为什么，如果在一个真实的判断中允许主词的指称对象包括虚构或其他非实在的事物，卡特鲁斯对本体论证明的批判将被削弱。在严格说来虚构的，即由我们的大脑武断地设想出的对象的情况下，笛卡尔可能还与他观点一致。（笛卡尔从来没有表明他是否把"一个独角兽长有一只角"和其他关于纯粹虚构实体的分析命题算作真的，或在什么基础上他愿意决定此类问题。）但是一旦大门对关于非实在对象的真实判断打开，笛卡尔将立刻坚持说数学和形而上学的很多真理，那些把合适的谓词归属于真实不变的本性的判断，必然归属于这类范畴。

可是，我们可能还对这是否实际上足以确立上帝存在本体论证明的有效性怀有疑惑。显然，威廉·阿尔斯通认为不能。②

---

① "并且在这里要被更多地考虑的东西是，我在自身发现数不清的事物观念，尽管它们很可能不存在于我之外的任何地方，它们仍然不能被说成无物；尽管它们是否被思想取决于我的选择，它们仍然不仅仅是我的想象，而是具有它们自己真实不变的本性……并且我能……展示它们的各种属性"（笛卡尔：《全集》，第7卷，第64及下页。笛卡尔：《哲学著作》英译本，第1卷，第179及下页）。

② 威廉·阿尔斯通（William Alston）："重温本体论证明"（"The Ontological Argument Revisited"），载《本体论证明》，第86及以下各页。

在他看来,给予关于想象、虚构或非实在对象的判断以真,是没有什么错误的;但是他否定此类判断具有任何笛卡尔为实际存在事物所断言的那种意义。阿尔斯通区分了虚构或非实在事物与实在事物可能关联的两种方式。在第一种方式中,非实在事物可能是在某人大脑中真实的思想、想象等等的对象。阿尔斯通把任何此类心理物叫作非实在对象的"实在相关物"。其次,我们可能指出"实际存在并具有非实在存在物的所有特征的某物"。并且他把这个某物叫作非实在事物的"实在原型"。① 例如,如果我在思考一个虚构的人物(如伊万·卡拉马佐夫),那么我所思考的实在相关物将是我现在拥有的思想。另一方面,实在原型将是一个实际存在的人,他生活在19世纪的俄罗斯,在他的同父异母兄弟因弑父罪而遭受审判时神智失常,等等。

根据阿尔斯通,"所有非实在模式的存在的一个定义性特征似乎是,任何关于此种模式的存在物的陈述将没有——除了它的实在相关物及其可能具有的含义外,关于实在事物的任何含义。特别地,它不具有与其实在原型相关的任何含义。"② 对于关于想象、梦想或虚构实体的陈述,阿尔斯通在这里所说的似乎是正确的。一旦我们把《卡拉马佐夫兄弟》接受为虚构的叙述,在其中所说的关于伊万·卡拉马佐夫的任何事情,都

---

① 威廉·阿尔斯通(William Alston):"重温本体论证明"("The Ontological Argument Revisited"),载《本体论证明》,第103页。
② 同上,第103及下页。

2. 三种有神论证明

不能对任何碰巧与陀思妥耶夫斯基用想象创造的这个人相似的真实存在的人,有任何直接地暗示。即使,由于作者的传记意图或令人惊奇的巧合,在19世纪的俄罗斯的确活着一个人,他的名字叫伊万·卡拉马佐夫,做了所有归于陀思妥耶夫斯基小说中人物的一切事情,在陀思妥耶夫斯基的小说中也没有什么东西与他的虚构人物的这个实在原型有直接地牵连。我相信,如同阿尔斯通坚持认为的,这个事实就是一个虚构或想象模式论说的定义性特征。

但是,说它是每一种模式的关于非实在对象的论说的定义性特征,却不是显而易见的。特别是,它关于笛卡尔的真实不变本性论说的模式的定义性特征不是显而易见的。正如我们看到的,笛卡尔费力地否定此类本性是想象或虚构实体——以虚构一个小说人物的方式由人的大脑调制出来的实体。笛卡尔坚持认为"一个三角形的三个内角之和等于两个直角"是一个真命题,即使实际上(in rerum natura)不存在任何三角形或三角形对象。因为这个理由,他坚持认为,即使没有此类指称对象实际上存在,这个命题主词的指称对象也是"给予"了思想的某物。但是,他也相信,这个命题的真与这个命题谈论的非实在对象的实在原型有某种非常直接的牵连,即,与碰巧存在于这个真实世界的任何三角形或三角形对象有直接牵连。明确地说,笛卡尔相信,这个关于非实在对象命题的真,蕴含着存在于真实世界的任何三角形或三角形对象内角之和必然等于两个直角。而且,这个信念似乎是一个完满合理的信念。它附带指

121

出了在笛卡尔的本性和仅仅虚构对象之间的一个关键区分。关于虚构对象论说的定义性特征，不仅是它们具有无物实际上具有的属性，而且它们具有任何事物都不能具有的属性。在这样一个叙述中，一个机智和有数学头脑的作者（例如刘易斯·卡罗尔）很可能调制出一个有说服力的幻象，在其中某些虚构的三角形三个内角之和不等于两个直角。可是，人类想象的迂回曲折不能改变一个真实不变本性的本质属性。

当然，阿尔斯通对非实在物可能蕴含它们的实在原型的存在特别警觉。他写道："如果某物在一种模式中的存在，会蕴含它在另一种模式中的存在，那么两种模式之间的区分就要被破坏掉。"① 很明显，阿尔斯通害怕的是，如果一个想象的或虚构的对象的某些属性会蕴含它的实在原型的现实存在，那么在关于虚构对象和真实对象之间的区分就消失了。但是，在笛卡尔的真实不变本性的情况下，我们不应该以同样方式感到害怕。因为关于此类非实在实体的论说的确蕴含恰好存在的这些实体的实在原型，又无需危及它们之间的区分。关于真实不变本性的论说的目的，是为我们提供不管是否存在那种知识的非实在对象的实在原型都继续有效的知识。在一个必然存在者的情况下这是真的，在实在和非实在性质或在关于此类本性论说和关于它们的实在原型论说之间的区分，都消失了。但这仅仅是说这个本性的确必然存在。自然还存在空间来区分必然存在

---

① 威廉·阿尔斯通（William Alston）："重温本体论证明"（"The Ontological Argument Revisited"），载《本体论证明》，第104页。

2. 三种有神论证明

的上帝的真实不变本性和或许不存在的仅仅虚构的实在（realissima），正如我们能够区分一个三角形的真实不变本性和仅仅虚构的三角形，前者必然具有几何定理归属它的诸属性，后者可能不具有这些属性。

所有这些预设，笛卡尔的真实不变本性理论给我们的数学和形而上学知识做了正确的解释。很显然，从康德的立场出发，这些预设很容易遭到挑战。笛卡尔真实不变本性的最好类似物是康德的数学对象，例如数字和几何形状，它们可以在空间和时间的纯粹直觉中先天地展示。类似于笛卡尔的真实不变本性，它们包含着我们立刻能先天地理解的不同属性的一个必然综合。可是对康德来说，这些对象的概念不是由知性自发产生的；它们反而是从给予我们的纯粹的但总是感性的直观的东西中"建构"起来的。对康德来说，我们的知性只提供综合的形式或材料的连接，而材料必定总是由感性给予（不管是先天地还是经验地）的。并且在纯粹直观中先天地给予我们的数学对象，因此能够仅存在于现象的时空形式中，存在于它们的几何形状中，以及也许可以在它们之中发现的某种量中。因此，任何一个超感性对象，例如一个最完满存在者的概念的先天建构，都不存在问题。只需我们具有一个直观的知性，一种不需要依赖任何感性提供内容完全先天地产生概念的能力，上帝的理念就能够向我们表达像一个真实不变的本性那样的某物。

因此，批判哲学包含的认识论限制，足以挡住任何关于真实不变本性的虚假直观的去路,并且因此阻止住任何笛卡尔式的本体论证明。可是,康德不选择以这种方式与该证明论战。或许,通过提示它有可能在更理性主义的认识论背景中成功,沿着这些思路批判就会对本体论证明退让太多而不符合他的口味。这样一个提示,无论如何,很可能是正确的。毕竟,认为具有笛卡尔、斯宾诺莎、马勒伯朗士、莱布尼茨的能力的哲学家不会一致地推断证明从他们的诸原理推导出来,除非它实际上从它们推论出来,这似乎是有道理的。无论如何,我不禁感到,直截了当地建立在康德认识论基础上的对笛卡尔证明的批判,比实际上在《批判》中提出的著名但论证严重不足的批判,将会更加引人注目。

宇 宙 论 证 明

正如我们前面指出的,康德把宇宙论证明分成了两个阶段。第一个阶段确立了一个必然存在者的存在,而第二个阶段表明这个存在者是一个最实在的存在者。实际上,他发现两个阶段都没有说服力,但是为了便于论证,他默认了第一个阶段,为的是把精力集中于第二步。他的目的是要揭示,这个阶段潜在地依赖于他刚刚批判过的本体论证明。

康德说本体论证明"隐秘地支撑着"宇宙论证明,并且为它所"预设"。他断言,宇宙论证明不过是"一个着新装的旧论证"。"它实际上仅仅是从单纯概念开始的本体论证明,本身

2. 三种有神论证明

包含了被如此称作宇宙论证明的力量。"① 这些言论强烈地暗示：康德相信本体论证明作为一类默许前提包含在宇宙论证明中。并且这些言论进一步暗示，他认为这个默许的前提做了所有的工作，以至于诉求经验实际上只是一个空无内容的、多余的姿态。

也许康德确实如此思考过。但是他对宇宙论证明的批判并没成为上述言论的真实例证，甚至这个批判也不曾试图这样论证。特别地，康德并不主张在论证的第一步诉诸经验是多余的。他承认，这个诉求"或许服务于引导我们获得绝对必然的概念，但是却不会去确立：这个概念属于一确定物。因为，一旦这成为我们的意图，我们就必须立即摆脱所有经验，并且在纯粹概念中寻找包含着一个绝对必然存在者可能性的那个规定物。"② 康德断言的仅仅是，如果我们接受在证明第二阶段中从必然存在到最高实在的推论，那么我们就承诺接受了本体论证明。所有先天的有神论证明，他说，以两种方式之一进行："或者找到从绝对必然性到它的概念的途径，或者找到从某物的概念到那个物的绝对必然性的方法。如果我们能够做到其中

---

① 《纯粹理性批判》，A 606/B 634；见前文，第73页〔艾伦·伍德的引文有误，现引用 Werner.S.Pluhar 的译文和邓晓芒译文如下。"Hence the ontological proof alone, conducted from mere concepts, is what in fact contains all the cogency in the so-called cosmological proof"（Werner.S.Pluhar 译，A 607/B 635，第590页）。"所以真正说来这只是一个出自纯然概念的本体论证明，本体论证明在所谓的宇宙论证明中包含了所有的证明力，而所谓的经验完全是多余的"（参看邓晓芒译《纯粹理性批判》，第482页）——译者〕。

② 康德：《全集》第28卷，第2集，第2部分，第1030及下页；《哲理神学讲座》，第62页。

之一，那么我们必定能够做到另一个。"① 这样看来，康德的宇宙论批判并不以本体论证明为其默认前提，而是，如果我们假定宇宙论证明有效，那么我们也得承认本体论证明正确。这个观念是，由于本体论证明已经表明自己是不正确的，任何被发现对它有承诺的证明也必定同样不正确。如果我们能搞清楚康德的断言，那么，假定他早一些时候对本体论证明的批判是成功的，这就将确定地成为对宇宙论证明的一个有效批判。

宇宙论证明的第二步必须表明，其存在已经在第一步得到证明的必然存在者是一个最实在的存在者，而且它具有可以推出这个结论的必然存在一般的概念。所以，根据康德，这一步必须证明，唯独最高实在的概念适合于必然存在的概念，以便每一个必然存在者因而必须成为一个最实在的存在者。对宇宙论证明的第二步从绝对必然性推导出最高实在，康德是怎样想的？

> 这个论证如下展开：一个必然存在者只能以一种方式被规定：即，它必相关于所有可能的相互矛盾的两个谓词（praedicatis contradictorie oppositis），为其中之一所规定。因此，它必须为它的概念所通盘规定。但是一个事物仅有一个可能的概念能够先天地通盘规定它，而且这个概念是一个最实在的存在者的概念。因为，每一对互相矛盾的谓

---

① 《纯粹理性批判》，A 612/B 641。

2. 三种有神论证明

词，只有实在总是属于它。或换句话说，存在一个最实在的存在者并且它必然存在。"①

这里的论证是晦涩的，尽管康德的可能性证明的影响相当明显。可是，不需要太近地对这个论证进行观察，由于康德的目的是要清楚地表明，它的从必然存在到最高实在的推论是不可能合法获得的。康德选取了该推论的普遍原理，即每一个必然存在者都是最实在的。并且论证说，像所有全称肯定判断，它是可以偶然换位的，所以一个换位形式的特殊判断可起源于它。从"所有乌鸦都是黑的"，我可以推论出"有些黑色东西是乌鸦"。以同样的方式，康德论证说，从"所有必然存在者都是最实在的"，我可以推论出，"有些最实在的存在者是一个必然存在者"。但是，康德指出，最实在存在者的概念相关于每一对矛盾谓词得到了彻底的规定；最实在存在者的概念从而不是一个普遍概念，而是一个莱布尼茨的完满概念——一个个体事物的概念。这样一个概念，无论如何，不是一个可以用于多个存在者的概念。（这里的论证无疑依据于另一个莱布尼茨原理：不可区分的之同一性原理。）从最实在的存在者概念的完全规定，康德这样推论说："在这个概念之下对'一些'有效的东西，也会对'一切'有效。因此我也能够对命题绝对换位，例如，每一个最实在的存在者是一个必然存在；……这正

① 康德：《全集》，第28卷，第2集，第2部，第1030页；《哲理神学讲座》，第61页；参看《纯粹理性批判》，A 605/B 633 及下页。

是在主张本体论证明。"①

一些批评家根本不赞成康德在这里从"所有必然存在者是最高实在"推出"有些最高实在是一个必然存在者"。他们坚持认为,在被换位的普遍命题不具有"存在含义"② 的时候,这样一个偶然换位是无效的。选取斯玛特的例子,在我们断言所有入侵者都将得到惩处的时候,我们并不必然是要说无论何时都有入侵者,而是说,如果存在任何入侵者,那么他们就要被惩罚。我们没有资格从这样一个断言推断某个将被惩罚的人是一个入侵者,除非我们另外假设至少有一个入侵者实际上存在。康德对"所有必然存在者都是最高实在"的偶然换位,只在他已经预设了一个必然存在者的存在的时候才是有效的。但是批评者坚称,除非一个人承认了恰好是康德所反对的宇宙论证明的合法性,这个预设就不是理由正当的。

可是,我完全赞同彼得·雷穆纳特(Peter Remnant),他认为这些对康德的批判十分离题。③ 因为,可以代替康德这样回

---

① 《纯粹理性批判》,A 608/B 636;参看康德:《全集》,第28卷,第2集,第2部,第1031页;《哲理神学讲座》,第62页。

② 见Fr.T.A. 约翰逊(Fr.T.A.Johnson):"康德对上帝存在证明批判的一个注释"("A note on Kant's Criticism of the Argumengs for the Existence of God"),载《澳大利亚哲学杂志》(*Australasian Journal of Philosophy*)21(1943年),13;D.J.B. 霍金斯(D.J.B. Hawkins):《有神论概要》(*Essentials of Theism*)(纽约,1949年),第67-70页;J.J.C. 斯玛特(J. J. C. Smart):"上帝存在"("Existence of God"),载《宇宙论证明》(*The Cosmological Arguments*),唐纳德·R. 伯乐(Donald R. Burrill)编(加登城,纽约,1967年),第266及下页。

③ 彼得·雷穆纳特(Peter Remnant):"康德和宇宙论证明"("Kant and the Cosmological Argument"),载《第一批判》(*The First Critique*),第143-146页。

2. 三种有神论证明

答，在"所有必然存在者都是最实在的存在者"的偶然换位中，他当然已经假设了至少存在一个必然存在者。并且他是有资格这样做的，因为，为了便于论证，他曾经承认宇宙论证明的第一步证明了这样一个存在者的存在。无疑地，由于它来自他自己的论证，这个证明的支持者不可能抗拒这个预设。因此，他不可能反驳康德要在它的基础上进行的推论。

我相信，康德的批评者迷失在这一点上了。因为他们认为康德在论证，本体论证明在宇宙论证明中担当着默许的前提，给予后者它的全部力量，并且把在第一步对经验的诉求还原为骗人的幌子。因此，他们很快指出，只有在预设一个必然存在者的存在早已独立地获得证明的条件下，康德才能够"揭露"宇宙论证明中的本体论证明。这些当然会足以摧毁下面的观念——只有把本体论证明偷运进来当作默认的前提，宇宙论证明才能成功地证明一个必然存在者的存在。但是正如我们看到的，康德对宇宙论证明的批判实际上并不以实例化这个观念为目的。相反，它只是要表明，如果我们假设宇宙论证明是正确的，那么我们必须假定本体论证明也是正确的。在这个断言中，没有什么东西要求康德把宇宙论证明的第一步看成对证明整体是多余的，或否认它以一种独立于本体论证明的方式确立了一个必然存在者的存在。

在我看来，康德因而是相当正确地主张，任何相信每个必然存在者都是最高实在的人也承诺了这个判断的换位判断，即每个最高实在必然存在。因为，只要假定我们认识到了最高实在概念的独特性,并且接受了莱布尼茨的不可区分的之同一性原理,这个结论就是必然地。尽管如此,我不认为他成功地表明了,对宇宙论证明的接受使人们承诺接受本体论证明。问题不存在于我们刚才检查过的推论上面,而存在于对它的结论的解释中。

根据康德,命题"每个最高实在必然存在"相当于上帝存在的本体论证明。果真如此吗?首先,是否如此似乎有赖于通过说"必然存在"我们意谓了什么。如果命题"每个最高实在必然存在"相当于本体论证明,那么,它将必须被解释为"最高实在存在"是一个必然真理,并且大概是一个其谓词包含在主词概念中的分析命题。换句话说,短语"必然存在"将必须被解释为逻辑上的必然存在。但是这个短语的意义必须被在宇宙论证明第一步已经(假设地)得到证明的那类必然存在所规定。然后的问题就是,这类必然存在是否必须被看作逻辑上的必然存在。

宇宙论证明的第一步,论证了在因果关系上不依赖于任何其他事物,或不要求其他任何事物做它存在的因果条件的一个存在者的存在。显然,很多理性主义者把上帝的因果或形而上学必然性等同于逻辑的必然性。因为,他们坚持认为,由于上帝自身包含着他存在的根据,上帝的存在因果关系上独立于任何其他事物;并且把这归因于存在是构成上帝本质的诸完满性之一。这些哲学家,当然通常是本体论证明的明确的支持者,并且知道其上帝必然存在的概念使其支持本体论证明,而且对

2. 三种有神论证明

此没有感到些许困窘。可是，问题在于，是否宇宙论证明本身要求这样一个概念。

在《批判》和《哲理神学讲座》两部著作中，康德都宣称必然存在的任何概念都等于是一个逻辑上必然存在的概念。他说"因为，理性认识到只有绝对必然才是从其概念而来的必然"。① 可是，康德为什么会期望我们信任这个声明，这是不好弄明白的。因为，他本人在《根据》一文中声称已经形成了一个必然存在的概念，它与用于本体论证明的逻辑上必然存在的概念不同。且不说这些，完全排斥逻辑上必然存在的理念并且仍然主张有一个作为所有其他事物原因而自身既不具有也不要求自己存在的任何因果条件的存在者，似乎是可能的。不管怎样，一个此类存在者，是我们在宇宙论证明的第一步所要关切的。②

但是即使我们承认"每一个最高实在必然存在"——就像在宇宙论证明中理解的那样，这使我们把"上帝存在"看作一个分析命题，仍然不能得出承认宇宙论证明就把我们置于承认本体论证明的结论来。因为，正如我们前面看到的，卡特鲁斯相信"上帝存在"是一个分析命题，但是他拒绝了本体论证

---

① 《纯粹理性批判》，A 612/B 640。
② 这样一个"因果关系上的必然存在"的概念已经被阿尔文·普兰丁格在"必然存在"（Necessary Being）（载《宇宙论证明》，第125—141页）一文巧妙地辩护过。乔纳森·伯奈特（《康德的辩证法，第252及以下各页）不为康德把宇宙论证明还原为本体论证明的企图所动，但是他发现他称作康德对宇宙论证明的"根本批判"，"它对逻辑上必然存在概念的容忍"，更有说服力。可是如果事实上宇宙论证明的支持者不需要容忍这个概念，那么"根本批判"也会失败。

明，因为他坚持认为每一个真的判断，甚至在一个分析命题中，都预设了主词指称对象的存在。一个宇宙论证明的支持者要逃避本体论证明所需要做的全部事情就是同意卡特鲁斯对本体论证明的批判。并且，再一次说，康德不可能阻止这条路，因为卡特鲁斯的批判是康德本人采纳过的。甚至笛卡尔，如我们也看到的，也没有简单地从"上帝存在"的分析性得出他的本体论证明；他显然赞同卡特鲁斯，这个命题的分析性独自（没有对作为一个真实不变本性的最高完满存在的理智直观）不能证明我们用存在来谓述一个最高实在是合法的。因此，像康德做的那样，从宇宙论证明的第二步到本体论证明的推理，是以甚至笛卡尔都认为谬误的方式进行的推理。

自然神学证明

康德对该证明的批判

宇宙论证明从一个世界一般的偶然存在开始证明了作为其原因或充足理由的一个最完满存在者的必然存在。自然神学证明从现实世界的具体构造开始论证。更具体地说，像康德对该证明所理解的那样，它从自然界的优美和和谐，从在自然界发现的多样性和秩序，以及能够在自然物中观察到的有目的的安排开始论证。[①] 自然有神论者断言"这个有目的的秩序与世界

---

① 《纯粹理性批判》，A 622/B 650。

2. 三种有神论证明

中的事物完全不同,只是偶然地依赖它们,也就是说,各种事物自己的本性……不能够与确定的终极目的一致。"从自然目的和人类艺术目的的类比,有神论者然后推断自然秩序的原因很可能是一个具有伟大智慧的理智,通过自由意志指导事物走向它们的目的。"这个原因的同一性可以从世界的诸部分像一个由人巧妙制作的结构的诸要素一样互相指引的同一性中推断出来。"①

在《纯粹理性批判》中,康德对这个证明的研究,和宇宙论证明一样,划分了第一步和第二步。第一步企图证明为自然目的指派一个有理智的原因是正当的。第二步的任务是表明这个原因是一个最实在的存在者。和以前一样,为了便于论证他承认了证明的第一步,而把自己的精力集中于第二步。假定自然界的秩序是那个智慧的秩序设计者存在的强证据,他主张这仍然不足以给予我们这个理智的原因任何确定的概念,特别是,它远不能证明对一个最高实在的信念。因为后者是一个理性的理念,并且没有经验能适合于它。从世界令人惊奇和广大无边的伟大秩序中,我也许能推论秩序有一个非常智慧和机智的设计者,但不能推论它有一个具有形而上学上无限的或本体论上最高程度的理智和力量的设计者。因此,为一个最实在的存在者的存在寻找证明的自然有神论者,必须在这一点上把他的经验性证据留到脑后,而开始进行一个纯粹先验的推论以完

---

① 《纯粹理性批判》,A 625/B 653。

成他的证明。

这样,以经验性根据为基础的论证突然被丢开,我们从在开头自它的秩序和目的性推论出来的世界的偶然性着手,继续论证。现在,单独依靠先验概念,从这个偶然性到达绝对必然的某物的存在,并且从这个第一因的绝对必然性到达它的完全规定的概念,即一个包含所有实在的概念。因此自然神学的证明,当它在其进程中被卡住的时候,通过突然跳到宇宙论证明而逃出这个困境。并且由于后者只是一个隐蔽的本体论证明,它实际上仅仅通过纯粹理性来实现它的目的。[①]

这也许会成为一个精确的重建,以有些有神论者事实上争论过的一种方式的重建(特别是,它不是对康德在《哲理神学讲座》的第一部分第三节中对自然神学证明十分同情的描述的不公正解释)。[②] 但是作为一个经验主义有神论的一般重建,它是武断的和没有说服力的。人们假定,康德被诱导给出这样一个说明,主要是由于想在自然神论证明中发现一个对宇宙论证明隐蔽依赖的愿望,这个依赖和后面断定的对本体论证明的

---

① 康德:《全集》,第28卷,第2集,第2部,第1007—1009页;《哲理神学讲座》,第36—38页;《纯粹理性批判》,A 621/B 649, A 629/B 657。
② 康德:《全集》第28卷,第2集,第2部分,第1062及以下各页;《哲理神学讲座》,第99及以下各页。

依赖平行并列。但是,他根本没有根据证明自然神学恰由于其本性,包含着对任何先天证明的潜在依赖或承诺。康德可以期望表明的最多不过是,不依赖一个先天证明,一个最实在的存在者的存在就不能确立。

可是,说坚定的经验主义有神论者会对这个结论感到极大的不安,这是可疑的。一个为了有利于自然神学证明而完全拒绝本体论和宇宙论证明的自然神论者,可能同样拒绝一个最实在的存在者的概念,以有利于某种较少理性主义色彩的自然创造者的概念。例如,休谟的克里安提斯主张,自然界的秩序和有目的安排强迫我们认为世界的原因是一个有理智的存在者,它类似于人类心智但在智慧和能力上远远超过人类的心智。他不仅对上帝的这个"不确定的"概念十分满意,而且将理性主义神学基础的无限完满和必然存在的概念当作不可思议的、神秘主义的、甚至"无神论的"彻底地予以抛弃了。①

作为道德信仰和自然科学的自然神学

康德对待自然神学的态度极端复杂,《纯粹理性批判》对自然神学证明的正式批判,实际上给予我们的只是这个态度的非常贫乏的观念。这个态度在某些方面是很大的同情,在其他方面是极端的怀疑。康德三种有神论证明批判的整体策略,立足于所有三种证明可最终还原为本体论证明的观念之上,本体

---

① 休谟:《关于自然宗教的对话》(*Dialogues concerning Natural Religion*),第32页。

论证明是"人类理性永远不能放弃的唯一可能的证明的根据"。① 从这个观点看,自然神学证明,是离这个纯粹理性根据最远的一个证明,也必须在理性上被看作较少可理解度的。可是,根据康德,自然神学证明"总是值得带着敬意被提及。它是最古老、最清楚和最适合普通人类理性的。"② 康德对自然神学的敬意,来自他所认为的它对道德和道德宗教的独特价值,以及来自他所相信的它对自然的经验科学的不可缺少的贡献。

　　道德信仰,在康德看来,是有道德的人对待世界秩序的态度,他在这个世界中必须指引他的行动朝向至善的实现。通过对一个智慧的自然创造者的信任,有理性的行动者使这个终极目的的可能性变得可以想象,并且避免了自然进程经常威胁着要吞噬他的道德意向的道德绝望。天意的终极智慧,一定不是某种在康德看来任何有限存在者能够期望证实,或甚至完全理解的东西。然而,由于一个有道德的人相信世界被一个最高智慧的计划统治着,唯一自然地是,他会寻找这个智慧的标记,他将在他所观察自然界的有目的安排中,发现对他道德上有根据的信念的明显证实。自然神学证明,因此,在普通思考中非常紧密地与道德信仰结合在一起,并且经常被天真地与它混淆

---

① 《纯粹理性批判》,A 625/B 653。
② 《纯粹理性批判》,A 623/B 651。

2. 三种有神论证明

在一起。① 康德强调，把它单纯看作一个理论证明，这不是对自然神学证明本身的真正支持。但，它显然是为什么康德认为设计者论证理所当然地是三种传统有神论证明中对普通人最有说服力的证明的主要理由：

> 因此，自然神学证明正像一个神学证明那样令人信服的事实，不是来自我们把自然目的的诸理念当作如此众多的一个最高知性证明的经验根据的使用。相反，它不被注意地把自己和存在于每个人并如此在内心深处推动他的证明的道德根据混合在一起。……可是，自然神学证明仅仅具有把人心对世界的思考引导到目的的路径上并因此到一个有理智的世界创造者的优点：然后，道德上对目的的提及和作为神学概念的一个相配的世界立法者和创造者的理念似乎从自然神学的证明根据中自然地发展出来，尽管事实上它是一个纯粹的附加。②

但是他也相信，如果恰当地使用，自然神学对自然科学发现经验中的秩序、模式和规律会有真正的帮助。他说自然神学"使自然研究生动起来……它带来了我们的观察本身不会发现

---

① 看我的《康德的道德宗教》（*Kant's Moral Religion*）（伊萨卡，纽约，1790年），第171-176页。

② 康德：《全集》，第5卷，第477及下页；参看《判断力批判》，J.H. 伯纳德（J.H.Bernard）译（纽约，1951年），第330及下页。

的目的和意图,通过提供其原理来自自然以外的特殊同一性的线索,来扩展我们的自然知识。"①

自然科学的目的,正如康德认为的,就是在我们感觉世界的经验知识中最大可能地达到同一性和秩序。在"经验的类比"中,康德尝试表明普遍的因果机制这一类秩序必然地先天地属于任何可能经验。这个因果性的原理是,在时间中成为每一个事态是由某种在先的事态依据一个必然规律因果地决定的。但是,因果机制的必然秩序不是自然中唯一一种可思考的秩序,也不是在自然中实际上发现的唯一一种。在《纯粹理性批判》的辩证篇的附录中,康德讨论了心智在自然中发现的一种完全不同的秩序;但是他只在《判断力批判》中才给予决定性的解释。

根据康德,自然界的秩序不仅存在于事件或事态的必然因果顺序中,而且也存在于有机系统的存在中,例如在植物和动物生命过程中所发现的有机系统。这样一种有机结构或"有机结构化的存在"是由因果条件的偶然安排构成的,这个偶然安排造成了一个自我组织、自我保持、自我再生或自我发展的形式或结构。考虑到在这样一个存在者的自然过程中的复杂安排,以及每个部分或要素与组织整体的从属关系,康德把一个有机组织的存在者叫作一个"自然目的"。在这样一个存在者中,根据他,我们在自然的机械秩序旁边发现了另一类秩序。

---

① 《纯粹理性批判》,A 625/B 651。

2. 三种有神论证明

这个秩序的根据不简单地是一个抽象因果规则的必然原理,而是表面上偶然可是内在稳定的结构模式,用康德引人注目的适当措辞说"其本身既是原因也是效果"。①

一个有机组织的存在者或自然目的的概念,原则上是不精确和富有弹性的概念。在康德看来,它不是心智通过"规定的判断力"能够把材料直接或立即包括在其下的一个概念。因为,为了把某种东西看作一个自组织或自发展结构的一部分,我们首先需要提出据以做出这个判断的特殊结构的概念。植物和动物的生命过程为我们提供了很多不同种类的有机结构,每一种都不相同。在自然界中发现目的秩序不以有机体的一般特征为依据,而有赖于对适合于给定有机体的特殊结构的认识。因为这个缘故,在自然中发现目的秩序要求心智的创造性活动,在康德看来,类似于艺术创造。它是一个"反思判断力"的功能,不是仅仅把一个普遍概念应用于一个特殊实例,而是相反要发现最符合给定特殊实例的普遍概念。换句话说,对自然界中这种特殊种类的秩序的理解,有赖于我们在自然过程中发现这样一个结构,并且发现能准确地把握适合它的自组织特殊形式的概念的能力。

根据康德,我们有四种方式可用来解释自然目的的存在:(1)我们可以认为它们纯粹由于偶然从因果机制的进程中产生出来。(2)我们可以认为它们是盲目的自然必然性的某种隐蔽

---

① 康德:《全集》,第5卷,第370页;参看《判断力批判》,第217页。

的原理造成的。或（3）我们可以假定物质自身就包含着"生命"或自组织，作为它的一种内在原理或基本能力。或者最后（4）我们可以把自然目的的复杂安排归于一个有理智的自然创造者的智慧意图。康德把这四种假设分别命名为：（1）伊壁鸠鲁主义，（2）斯宾诺莎主义，（3）物活论和（4）有神论。通过赋予它（1）"无生命的物质"，（2）一个"无生命的上帝"，（3）"有生命力的物质"或（4）"一个活的上帝"，康德认为这四种假设包括了所有可设想的对自然目的的解释。①

康德不认为我们能够在这四种假设之间"客观地"做出判决。可是，作为解释自然目的使其易于为人类心智所理解的诸方式，他不认为所有四种都是同样令人满意的。在他看来，伊壁鸠鲁主义和斯宾诺莎主义与其说是企图解释自然中的目的性，不如说是把它解释掉；根据这些观点，目的的出现或者是某种偶然的结果，或者是必然不可避免的，但是无论如何不是"有意图的"。康德把这两种假设描述为"合目的性的观念论"，意指自然的合目的性对他们来说不是某种真实的东西，而仅仅是观察者大脑里的幻觉。② 相比而言，物活论被康德看作一个"合目的性的实在论"；可是他认为它对自然目的的解释也是不妥当的。能够被物活论者引证的赋予生命物质的唯一例子恰恰是其稀奇的目的性结构需要解释的那些生物体。因此，"如果我们能从有生命的物质得出有机存在者的自然目的性，就必然

---

① 康德：《全集》，第5卷，第389-391页；参看《判断力批判》，第236-239页。
② 康德：《全集》，第5卷，第391页；参看《判断力批判》，第238页。

2. 三种有神论证明

有一个解释循环。"此外，康德断言，有生命物质的概念恰恰是自相矛盾的："无生命、惯性，构成了物质的根本特征。"①

康德对作为自然的合目的性的一种解释的有神论似乎也不是完全满意。并且他强调我们永远不能"教条地把有神论解释确立为客观正确的"。因为，我们不能证明目的秩序不能独自通过自然机制产生。然而，借助于"我们认识能力的特殊构造"，通过把自然目的思考为一个理智的存在者的有意图的产品，我最多能使自然目的对我自己是可理解的。因为这个原因，有神论"赋予原始存在者的知性而最好地把自然合目的性从观念论中拯救了出来，并且为它的产品带来了有目的的因果关系，因此，它具有超过所有其他解释根据的优势。"② 自然的有神论观点因此为我们提供了一个清楚、简单和很好地适合我们认识能力的自然合目的性概念。用它武装自己，我们可以更容易地着手寻找有机存在物展示的特别类型的秩序。在康德看来，有神论因而对经验科学有重要的启发价值。

经验主义有神论的弱点

康德以这种方式挑选出有神论假说的理由似乎相当成问题。有神论对自然目的的表述更"真实"吗？或比其他假设使目的更可理解？当然，如果我们坚持从字面上理解"目的"一

---

① 康德：《全集》，第5卷394；参看《判断力批判》，第242页。
② 康德：《全集》，第5卷，第397、395、398各页；参看《判断力批判》，第244、242、245各页。

词蕴含着一个手段-目的关联,这个关联除非涉及到某个有意识主体精心的计划,否则它就不得不保持为神秘的和可疑的,有神论的表述就确实更真实,更可理解。但是没有一个假设,甚至伊壁鸠鲁主义的假设,不会比我们声称同花大顺是随便发牌的一个结果来否定一个同花大顺的真实性,更需要否定自然界的自组织结构的实在性。斯宾诺莎主义和物活论两个假设,通过揭示一种可能性,即表面上偶然或"自发的"物质结合体,实际上或是自然的一个必然现象,或是物质本身内在属性的结果,似乎将比有神论使自然目的更直接、更基本地易于了解。

康德本人也没有总是避免对自然现象的这种解释。首先在《根据》中,其次在《哲理神学讲座》中,他指出某些自然现象(例如地球的扁圆形状)一眼看去似乎同时是偶然的和服务于一个目的的,但事实上只是出自物质本性的结果。并且他坚持所有这些现象如果要得到解释,必须通过产生它的源始存在者的必然本性,而不能归因于他的自由意志。① 为什么康德能如此自由地采用这个物活论的,或至少是危险的斯宾诺莎主义的关于一些现象的观点,而同时取消其作为自然目的一个一般解释的可能性?

康德的自然目的的概念和康德版本的自然神学证明,都假定自然界存在很多我们不可能通过物质本身的内在属性加以说

---

① 康德:《全集》,第2卷,第118及以下各页;康德:《全集》,第28卷,第2集,第2部,第1035页;《哲理神学讲座》,第67页。

2. 三种有神论证明

明的自组织的事例。对康德来说，"物质的属性"当然只包括属于牛顿数学物理学中提出的因果关系机制的那些特征。从这个立场考察物质，很显然，那些表面上偶然的有目的现象，能够只通过这些机械的原因得到解释的，其数量必定是很小的。因此，康德必定已经把每一自然目的都能够以此方式得到解释的假定看作是极端牵强附会的，把认为好像此类解释会普遍出现那样进行的论证，看作方法论上不明智的。① 在此类"伊壁鸠鲁主义"和"物活论"发展为生物学上的自然选择论和发现DNA之前的日子里，这样一种态度就他而言或许曾经是明智的。

但是，这意味着自然目的的概念实际上只适用于由物质的（表面上）偶然排列得到的那些自组织现象，并且不适用于这样一些自组织结构，这些结构可能被看作经验地发现的本质上属于自然目的的属性。这似乎是康德为什么对伊壁鸠鲁、斯宾诺莎和物活论的自然合目的性解释不满意的真正理由。这也是为什么他的自然神论证明大胆地宣称"目的秩序是与世界中的事物完全不相容的"，而且其证明不能由这些事物的本性得到解释。

---

① 这个观点位于《判断力批判》一个著名段落的后面："完全确定的是，我们不能从单纯自然的机械原理出发，充分地认识有机存在物和它们的内在可能性，更不能解释它们。并且以同样的确定性，我们能直截了当地说，人类不适合于担当这样一个任务，或适合于期望——或许有一天，将有一个牛顿出现，他将从没有目的被指令的自然法则出发，使一片草叶的产生获得理解"（康德：《全集》，第5卷，第400页；参考《判断力批判》，第248页）。

但是以这种论证为基础的自然神论证明易于遭遇两种危险。第一,正是此类有神论证明,本质上活在科学解释的"空白"处,经常处在与自然科学竞争的位置。随着自组织现象的纯粹自然主义或唯物主义解释的不断积累,以及这种解释会更多地出现,从自组织现象得到的有神论例证相应地变得越来越弱。康德不是特别担心自然神论的这个危险,部分地是由于对生物现象令人信服的自然主义解释的前景,他似乎感觉不到有多少希望存在,部分地是由于他相信已经发现了看待自然神学的一种办法,防止它与经验科学产生冲突。(后面,我们会对他学说的这一部分做一个考察。)

自然神学的第二个危险是康德看得十分清楚的一个。考虑到自然神学证明只是从自组织的偶然形式推断出来,并且不能用纯粹机械原因来解释,"如此众多自然结构的目的和和谐只能够证明形式的可能性,而不是质料的可能性,即,不是世界本质的可能性……因此,该证明最多只能确立世界的一个建筑师,他总是受到他在工作中使用的原始材料的适合性的限制。该证明不能确立一个一切事物都归属于其理念的创造者。"①因此,自然的有神论的证明会使他接受神学上严重的异端,使他接受一个仅仅是事物"形式"创造者的上帝,而不是从虚无中创造物质世界自身的创造者。② 当然,自然神学家可以回答

---

① 《纯粹理性批判》,A 626/B 654 及下页。
② 康德:《全集》,第28卷,第2集,第2部,第1093及下页;英译《哲理神学讲座》,第133及下页。

2. 三种有神论证明

说，虽然他的论证没有确立物质自身只是偶然存在并且依赖于一个创造者的断言，然而该论证可以与这个断言一致。可是，这不是如此清楚的。因为自然神学证明，正如我们知道的，预设了两类现象之间的一个区分：（1）那些物质构成本身能够解释的现象，和（2）那些需要一个理智的设计者才能得到令人满意的解释的秩序和目的的偶然现象。但是，如果在给出这个论证之后，我们继续坚持认为物质本身要求一个理智的存在者作为它的创造者，那么我们似乎已经彻底抛弃了第一类范畴的现象。现在，自组织现象是否是物质内在属性的结果，还是只是它的偶然排列的结果，不再有任何实在的区别。因为神的创造性理智在任何情况下都被要求来对物质做出解释。只要我们愿意假定（至少是为了有利于论证）物质世界的存在和本性独立于上帝创造的意志，自然神论证明就能够对我们有吸引力。并且一旦我们放弃了这个很不正统的假定，自然神学证明也就失去了它的意义。

像康德看到的，我们当然可以尝试利用自然现象来证明物质存在本身是由上帝决定的。但是，他指出，这样做就

> 要求能够证明世界诸物本身除非实质上是一个最高智慧的产物，否则是不会与这类按照普遍法则的秩序和一致性相适应的；但为此就需要完全不同于与人类技艺相类比的那样一些证明根据……如果我们想要证明物质本身的偶然性，那么我们就不得不求助于先验的论证，但这恰好是

140

在此本来应当避免的。①

然后，康德在这里再次声明他的主题：自然神学没有能力确立与正统观念类似的一个上帝的存在，除非它向那些恰恰是它如此蔑视的理性主义和形而上学的证明寻求帮助。而且，康德在这里比从前似乎有了更充足的理由。经验主义神学家也许很有道理地主张，一个最实在存在者的概念或本体论上的完满存在者，只是哲学家们的发明，与正统的犹太-基督教信仰很少或没有关系。但是，关于一切事物依赖着的创造者上帝，"天和地的创造者，并且一切可见和不可见事物的创造者"，若如此谈论，他将遇到更多的困难。

自然科学中有神论的使用和误用

康德坚定地相信有神论假设对自然研究有启发性价值。但是，他认为自然神学如果被错误地使用，或者如果它在经验研究中的角色被误解，也会阻碍和误导科学探索。早在《根据》一文中，康德就批评了他叫作"自然神学的通常方法"，因为这种"方法"诉求神圣意志作为解释原理，既无根据也有害于科学的进步。② 在《纯粹理性批判》中，康德描述了如果上帝的理念误用就会导致的两种"错误"。第一种错误，他叫作"懒惰的理性"（ignava ratio），是试图直接诉求神圣意志来解释

---

① 《纯粹理性批判》，A 627/B 655。
② 康德：《全集》，第2卷，第116及以下各页。

2. 三种有神论证明

自然现象,而不是研究一个自然目的从此产生的细节。这是一种错误,因为科学中的有神论假设的全部要点是让我们对这些细节保持警觉;而"懒惰的理性"把它当作借口,做了恰恰相反的事情。①

第二种错误康德叫作"颠倒的理性"(perversa ratio 或 hysteron proteron rationis);在我们不把有神论当作发现自然目的的指引,而是当作把诸目的强加给自然的机遇的时候,就会发生这种错误。康德说的"颠倒"显然是意指,完全忽视了在自然界实际上发现的合目的性的自组织,并且,只根据关于上帝的意志是什么的任性的和拟人化的狂想,来主张某物服从一个神的目的。②

康德认为,如果我们仔细地只"范导地"而永远不"建构地"使用理智的自然创造者的理念,这些错误将被避免。只范导地使用这个理念,就是把世界中所有的统一和结合看作"好像共同地产生自作为最高和最充分原因的一个无所不包的单一存在者",而不需要"设定"、"实体化"或"绝对地假定"这个理念的一个对象。③ 因此,康德似乎在向自然科学提建议,建议它仅仅把上帝的理念当作一个启发性策略:在自然界寻找如果存在一个上帝就可以期待的秩序和合目的性结合,而不把

---

① 康德:《全集》第28卷,第2集,第2部分,第997页;《哲理神学讲座》,第29页。
② 《纯粹理性批判》,A 689/B 717。
③ 《纯粹理性批判》,A 686/B 714,A 685/B 713,A 693/B 721,A 698/B 726。

它所发现的看作这样一个假设的真实证据。

很容易看清,这样一个上帝理念的"范导性"使用将会避免他警告我们的两种错误。因为,如果我们不许可自己把自然的合目的性采用为有利于有神论假设的证据,那么我们就不能用这个假设来为组织现象提供任何真正的解释:犯"懒惰的理性"错误的人因此被夺走了他满足于教条的解释因而乐于在里面休息的舒服椅子。更不用说我们可能沉湎于没有经验基础的关于上帝意志的目的的任何玄思。因为,我们不应该让自己认为我们实际上发现的自然目的是上帝意志的真正标记。

另一方面,就我看到的而言,没有理由说明一个"建构地"使用上帝理念的自然科学家怎么不能也避免这些错误。即使我们相信自然目的是工作中的上帝意志的真实标记,这也不必然使我们对合目的性安排的复杂细节更少感兴趣,或者更可能忽视它们。更不用说它使我们忽视细节,或者形成关于上帝意志的无根据教条。康德逃避这两个错误的愿望因此不足以使他只"范导地"而不"建构地"使用上帝的理念成为必然。至少,康德的药方比疾病所要求的要更加严厉。

有神论的启发性价值应该在于,如果我们按照有神论的眼光观察世界,我们就被引导到对自然统一和组织的期待,并且这个期待帮助我们发现否则我们可能会忽视的此种统一的例证。但另一方面为什么我们在自然中发现的有机组织不能算作有利于引导我们期待它的假设的证据?康德的回答似乎是,有神论并不引导我们期待任何特别种类的秩序、结合或有机组

2. 三种有神论证明

织,而只是为我们提供最好的方法,使得对一般偶然秩序的期待对我们来说是可理解的。这样,它只服务于把我们对自然和谐和秩序的期待极大化,而不提出任何特别种类而非其他种类的秩序或目的:

> 作为世界整体唯一原因的一个最高理智的预设……总是能够使理性获益而永不损害它。因为……通过跟随这个路径我们能够做出大量的发现。如果我们把这个预设只保留为范导性原理,甚至不会有能损害我们的错误。因为,由它产生的只不过是,在我们期待一个目的论联结(nexus finalis)的地方,我们只能遇到一个机械的或物理的联结(nexus effectivus)。在这样的情况下,我们仅仅不能发现一个统一性,但是我们没有损害理性在它的经验使用中的统一性。①

在我看来,康德在这点上是不正确的。一个理智原因的假设会向我们暗示对一个有意识的存在者特别有吸引力的那类秩序;并且一个道德上善的自然创造者的假设会暗示一种趋于增进道德目的的秩序。比较而言,斯宾诺莎主义的假设会暗示一种冷淡的、非道德的、与有意识存在者的关注无关的秩序。康德道德信仰的重点,终究取决于一个假定,即,对一个理智的

---

① 《纯粹理性批判》,A 687 及下页/B 715 及下页。

和道德完美的自然创造者的信仰引导着我们具有与无神论不同的关于世界秩序道德方向的希望和期待。如果斯宾诺莎主义或唯物主义关于世界秩序原因的假设，在这一点上，没有把我们引导向不同的期待，那么根本就没有理由使一个有道德的人成为有神论者而不是斯宾诺莎主义者或唯物主义者。

因此，就需要在自然中发现的秩序实际上是有神论暗示的那类秩序而不是其他的来说，有神论具有对自然科学的启发式价值。然而，这个特殊种类秩序的发现不仅倾向于肯定有神论的启发价值，而且肯定有神论作为事物实际存在方式的解释假设的真理性。另一方面，不同种类秩序的发现倾向于既"范导地"也"建构地"驳斥有神论。自然物品的天然美，例如，可能被拿来算作有利于有神论而不利于斯宾诺莎主义的证据；然而，那些似乎随意地将意识存在者的苦难整合进自然秩序的方式，则倾向于相反方向，即算作有利于斯宾诺莎主义而不利于有神论的证据。或许证据是混合的或难以解释，但那不能阻止它成为有利于竞争假设的真正证据。

康德也许在这一点上依据他有神论是自然界秩序解释的唯一真正候选者的观点，因为我们可用来解释合目的性秩序的其他假设都没有能做得如此令人满意。他可能意欲宣称有神论引导我们期待的不是特殊种类的自然秩序。然而，如果是这样，我们在这里也许仍可以提出我们前面讨论康德对可能性证明的处置时提出过的论点。如果有神论是任何种类自然秩序可清楚设想的唯一解释，那么不管什么情况下任何秩序的发现都将会

2. 三种有神论证明

实际上算作有利于它的证据。可是，在这同时，有神论的启发式价值会变得很小。由于它只告诉我们期待自然中统一和有机组织的最大化，因此关于寻找什么它不能告诉我们很多。除非像"统一"和"有机组织"一样的词语已经给我们提供了关于我们寻找什么的线索，否则有神论假设将根本上不起什么指导作用。但是，如果这些词语本身足以告诉我们寻找什么，那么有神论假设对此目的将是不必要的。

因此，康德面对着一个二律背反；或者（1）有神论假设暗示了一些特别种类的秩序，它在某些方面不同于无神论的替代选择；或者（2）它只暗示了一般秩序，而不是任何特殊的秩序。如果我们接受第一种选择，那么，只有在实际的自然秩序倾向于成为有神论暗示的特别种类的条件下，有神论假设才具有对科学的启发性价值。但是，在那种情况下，在自然界发现的秩序就算作有利于有神论的真正的经验证据，并且与它的无神论竞争对手相对立。有神论被"建构地"证明为合理，而不仅仅是"范导地"被证明为合理。另一方面，如果我们接受第二种选择，有神论的启发式价值将变得极小。该假设的"范导性"使用对我们就没有太大意义。我们不管怎样看待该问题，康德的结论——在自然的经验研究中上帝的理念应该被采用为一个启发性策略，但是有神论假设不应该被当作一个经验证实或驳斥的对象——都是难以维持的。

结　　语

关于康德理性神学的通常观点认为，它的否定一方面远比其肯定一方面成功。康德对被广泛地接受的上帝存在证明的批判，经常被赞扬为划时代的，甚至是"摧毁世界"的伟大成就。另一方面，他对上帝理性理念的积极解释，却经常被当作沃尔夫教条形而上学的单调乏味的复述，与康德的批判原理不相容而被抛弃。

在前面的尝试中我已经朝着一个不同方向的结论做了论证。我已经致力于表明，康德对一个最实在的存在者的理念的理性主义的不可避免性的论证，使用了属于一个长久的形而上学传统的概念，是一个原创和深思熟虑的论证。该论证是对在莱布尼茨著作中所发现的暗示的深刻发展，并且是对——为了同样的结论，形成于笛卡尔又被沃尔夫接受的——更简单的平行论证的重要改进。而且，该论证完全与批判哲学的诸原理相容，并且在康德《纯粹理性批判》的辩证篇中完成了一个重要

结　语

的任务。如果，尽管如此，该论证给我们的印象仍是啰嗦的和人为的，这主要是因为我们对它所依据的一组形而上学预设缺少同情和理解，即对上帝的理性主义概念、传统本体论和莱布尼茨的个体性和可能性概念缺少同情和理解。无疑是真的，康德的批判哲学历史性地服务于发动一个把这个形而上学最终推翻的理智运动。但是一个批判哲学的准确诠释本身必须考虑到康德自己对理性主义形而上学的同情，以及他设法使其原理与他的批判观点相容并把它们结合进他的哲学的程度。

更谈不上成功的是康德对上帝存在的传统证明的攻击。为了把他对有神论证明的批判系统化，康德围绕着他对本体论证明的攻击组织他的批判，断言宇宙论和自然神学证明的基本缺陷是它们对本体论证明的隐蔽依赖。但是这个断言，像我们看到的，康德简直不能令人信服地为每个证明提出。他不能表明宇宙论证明依赖于本体论证明，或甚至接受前者要求接受后者。在这一点上，他对自然神学证明的处理更说不上有多少说服力。他至多能够表明这个证明本身不能确立一个最实在的存在者的存在，或证明物质世界因其存在和根本性质依赖于一个理智的创造者。康德根本不能提出理由证明自然神学依赖于或承诺两个先验证明中的任一个。

可是，或许康德策略的最严重缺点是，它阻碍了他采取批判宇宙论和自然神论证明的更有希望的几种思路。例如，康德对第三种和第四种二律背反的处理，包含了也许有可能发展为对宇宙论从偶然存在推到必然存在推论的有说服力反驳的材料。但是，由于他的策略，康德没有追问深究这个推论，就像没有追问深究自然神学从合目的性秩序推到进行设计的理智的推论那样。

康德的本体论批判既没有制造出来，也不应该。康德的确提出了一个连贯的（并且被广泛接受的）关于存在和谓项的论题，这一论题如果正确的话，将解决本体论证明的问题。但是这个论题不是自明的，它有时甚至被该证明的反对者驳斥。而且，康德对这个论题的唯一真实论证显然是一个强词夺理的论证。再次，批评该证明的更好方式曾经对他敞开过大门。例如，他有可能对笛卡尔证明的攻击更有成效，如果他把他的批判建立在对理性主义认识论的一些预设的批判性驳斥基础上。

所以，在我看来，康德对传统有神论的批判总的来说是不成功的。这些证明认真的辩护者不必因为康德的批判而放弃这些证明。在这一点上，康德甚至没有特别地利用好他在《批判》中早就为自己准备好的批判工具：在任何情况下，驳斥这些证明的更有力量的理由已经近在他的身边。如果，作为知识史上的一个问题，康德的抨击成功地使那些证明名誉扫地，那么，我们必须推断说它做到这些并不依靠它的哲学功绩。

我认为，康德涉及理性神学的思想的积极方面被不适当地评估的一个理由是，它在《纯粹理性批判》中的表述既是视野狭窄的，也是措辞上可怕地晦涩的。在所有方面，《哲理神学讲座》以一种更丰富和更通晓易懂的形式展示了康德这个方面的思考。可是，直到几年以前，这些讲座才变得容易被利用，

结　语

并且投入到它们的内容中的学术关注实际上还不能与可怕数量的论述康德著作其他部分的学术著作相比较。无疑一种确实错置的纯粹主义使有些学者可能、甚至必须忽视那些不是出自康德自己的手而是以别人的讲座笔记为依据的文本。可是，《讲座》值得研究一番。它们清楚地表明了康德对艾伯哈德和鲍姆嘉登的文本中的经院哲学-理性主义神学的极大同情。在对这些文本中的观点的细致的批判和修正中，我相信《讲座》也表明传统有神论在很大程度上与康德的批判哲学相容。它们表明康德（像很多同时代的哲学家一样）意识到了神的属性的问题，世界与一个永恒的、超世界的创造者的关系问题内在的概念意义，即使认为对于这样一个存在者的存在，人们只能有不可知论的理论。并且它们当然也表明，通过发展他自己版本的经院哲学-理性主义的上帝概念，康德致力于形成他的理性的道德信仰。

在现在这个时代，这种牌子的神学没有得到广泛的智识敬重。很自然地，那些拒绝任何形式有神论的学者，可能期待发现理性神学声称的形而上学科学身份的不可信，正如康德做过的。但是甚至对其不相信的哲学家也经常欣赏理性神学提出来的错综复杂的概念问题，历史上重要的哲学家对它的讨论，经常涉及对甚至很少宗教胸襟的人都很重要的问题。带有讽刺意味的是，很多近期的神学家和宗教思想家甚至比这些不相信者更轻视理性神学。他们以《圣经》，教会传统，或这种那种形式的非理性的宗教相遇为依照，常常甚至比不无神论者更急切地拒绝出自经院哲学和理性主义形而上学的上帝概念。很多现代神学家，而且决不仅仅是"现代主义"的神学家，都试图拒绝任何哲学上理解的上帝概念。其他的像保罗·蒂利希，试图从后康德德国唯心论提供的资料，形成一个新的概念。过程神学是另一个通过诉求不够传统的形而上学观念使神学"赶上时代"的企图。

康德本人在很多方面都是一个"现代主义的"神学家，甚至是一个"存在主义的"神学家。像我在别处论证的那样[①]，他的道德宗教根本上是一个希望和个人承诺的宗教，一个来源于有限人类本性"实存"困境的宗教。他对教会和《圣经》的态度，像在《纯然理性限度内的宗教》和《学科之争》中展示的那样，决不是传统的态度。可是，在一点上，康德的神学保持了相当保守的态度。它从理论理性产生的一个理念、一个最实在存在者的理念引出自己的道德信仰的对象。并且，像《讲座》向我们表明的，它非常严格地按照传统经院哲学和理性主义神学的思路，来发展这个理念。

在这一点上，我想，康德的本能直觉基本上是正确的。即使宗教信仰包括了信仰者的整个存在的存在主义承诺，这种承诺也不能不在一个对其信仰内容进行理性的、理论的说明中表达自己。对宗教的"存在主义的"或"经验的"方面的强调，对《圣经》启示或信仰者共同体的依赖，都不能取消这个产生

---

① 《康德的道德宗教》，特别是第1—10页、第153—187页，第249—254页。

结　语

自信仰者自己理性本性的责任。如果，像在康德的情形中，宗教信仰把某种超自然的绝对存在者看作自己的对象，那么信仰者要回避传统神学提出的问题就是不可能的。由这个传统提出来的上帝概念或许被哲学困难所困扰，并且不容易使它与现代世界观的某些本质方面和解。但是，近期试图表述绝对或神圣概念的尝试，没有一个能给出对它丰富的、准确的、哲学上精致的或理性上可信的说明。诚实地面对传统的问题，像康德那样做，到目前为止对于一个现代神学家履行自己的哲学责任来说，仍然是最直截了当和智识上诚实的方式。

索 引

(索引中的页码为原书页码,即本书的边码)

Absolute 绝对的 26,46,151
Absolute possibility 绝对的可能性;
  参看:Possibility
Alston, W. 阿尔斯通 119-122
Amphiboly of Concepts of Reflection
  反思概念的歧义 31,57-59,61
Analogies of Experience 经验的类
  比 134
Analogy 类比 86-92
Analytic propositions 分析命题 39-
  41,102-107
Anthropomorphism 神人同形同性
  论 23,82,92,141
Anticipations of Perception 知觉的
  预测 31-32,61
Aquinas, Saint Thomas 阿奎那 28-
  30,63,86-88,96
Arnauld, A. 阿诺德 65

Augustine, Saint 圣奥古斯丁 63
Averroes 阿维罗伊 63

Baumgarten A. G. 鲍姆嘉登 16,38-
  39,50,62,80,149
Beck, L. W. 贝克 109
Being 存在
  绝对的和相对的~ 29;
  有程度变化的~ 28-30;
  必然的~ 27,64-67,116,124-
  126,128-129;
  ~不是一个真正的谓词 65,104
  -112
Bennett, J. 伯奈特 17,129
Bonaventure, Saint 圣波那文图拉
  63

Carroll, L. 卡罗尔 121

索 引

Category 范畴；参看 Concept, pure; Modal concepts; Quality, categories of; Relation, categories of

Caterus 卡特鲁斯 112-114,116,119

causa sui 自因 65

Causality, principle of 因果关系原理 98,134

Clericalism 教权主义 15-16

Complete notion 完满概念；参看 Concept, individual

Concept 概念

～的内容 48,66-67,74-75,79,103；

～的形式 48；

个体～ 38-39,43,49-50,53；

或然的～ 48-49,62,79-80,95-96；

纯粹～ 48,80,88-89；

～的外延 51；

普遍～ 38,42,85,135；也参看 Idea

Contradiction, principle of 矛盾律 40,42-44

Copleston, F. C 科普尔斯顿 86-89,91

Cosmological proof 宇宙论证明 65,71,77,79,97-99,123-130,148

Cosmology, rational 理性宇宙论 18

Creation 创造 139-141

DNA 138

Deism 自然神论 23,82-83

Descartes, R. 笛卡尔 16,27-29,63,65,107,112,130,147,149；

～的上帝存在的本体论证明 100-103,116-123；

～的上帝理念先于有限事物观念的证明 34-37,54-55

Determination 规定 19,37-44,106；

通盘～ 38-39,41-44,50-55,72,79

Dialectic 辩证法 17-20,27-28,74-76,79,98

Eberhard, J. A. 艾伯哈德 88,149

Empty world, impossibility of 无物存在世界的不可能性 66-70

England, F. E. 英格兰 10,32,56-59

Enlightenment 启蒙 15-16,60,92

ens realissimum 最实在的存在者 18-19,23,27-28,34-35,55-59,63,80-86,96-100,102-103,106-107,116,118,122,125-126,131-132,140-141,147-148,150-151

Epicurus 伊壁鸠鲁 135-136,138-139

Essences, pure and simple. 纯粹和简单的本质；参看 Natures, true and immutable

Eternity, divine 神圣的永恒 81

Excluded middle, principle of 排中律 42-43

Existence 实存；参看 Being

Existentialism 存在主义 25-26,150-151

Faith, moral, 道德信仰 9-10,15,20-26,132-134,143,150-151
Fanaticism(*Schwärmerei*) 狂热 16,60,92
Fichte, J. G. 费希特 25-26
Fictional entities 虚构实体；参看 Nonreal entities
Frege, G. 弗雷格 110

Gassendi, P. 伽桑狄 116-117
God 上帝
　～的备选概念 25-26,150-151；
　～的属性 79-93；
　～的宇宙论属性 23,82-86；
　～作为"可能性的王国"的神圣理智 42,69；
　～作为一切存在者的存在者 71；
　可能性的根据的～ 19,64-79；
　～的理念 18-19,25,27；
　为所有其他事物的观念的预设的～的观念 27-28,34-37,55-64,147；
　作为纯粹理性的理想的～ 56；
　非专制者的～ 23；
　不仅仅是世界的设计者的～ 138-141；
　～的本体属性 23,80-82；
　～作为本源的存在者 64；
　～理解每一个个体的完满概念 39；
　也参看：Cosmological Proof; ens realissimum; Ontological Proof; Physicotheological Proof; *divine attributes under their specific names*

Haecceitas 此性 38-39
Hawkins, D. J. B. 霍金斯 126
Heine, H. 海涅 15-17,20,95
Highest good 至善 22,25,133
Hobbes, T. 霍布斯 29
Hume, D. 休谟 28,96,101,132
Hylozoism 物活论 135-139
Hypothesis, subjectively necessary 主观必然的假设 73-78,144

Idea, 观念、理念 17-20,25,27,73,79-80,95-96
Ideal, 理想 56,73
Identity of indiscernible 不可区分之同一性 32,126
ignava ratio 懒惰的理性 141-142
Immutability, divine 神圣的永恒性 80-81
Impassibility, divine 神圣的不可超越性 89
Individuation, principle of 个体化原理 38-39

索　引

Johnson, T. A. 约翰逊 126
Judgment 判断 135

Kemp Smith, N. 康蒲·斯密 17, 30-31, 57-59, 61
Kenny, A. 肯尼 36, 118-119
Knowledge, divine 神圣知识 82-83, 85-86；参看：Omniscience
Knowledge, human, of God 人类对上帝的知识 18-19, 22-24, 79

Lampe, M. 兰培 15, 20
Langford, C. H. 兰福德 70
Leibniz, G. 莱布尼茨 16, 27-28, 31-32, 37-42, 46-47, 50, 57-58, 61-64, 69, 123, 126, 147
Lewis, C. I. 刘易斯 70
Life 生命 134-137
Locke, J. 洛克 71

Malebranche, N. 马勒伯朗士 63, 123
Mathematics 数学 100-101, 122-123
Matter 质料 136, 138-140
Mechanism 机制 134-135, 138-140
Modal concepts 模态概念 44-45, 68-69；参看：Necessity; Possibility
Modal logic 模态逻辑 70
Modernism 现代主义 150-151
Moore, G. E. 摩尔 110-112
Moral argument for faith in God 上帝信仰的道德论证 20-22, 133-134
Morality, theological 神学的道德 23
Motives 动机 24
Mysticism 神秘主义 16, 132

Natural selection 自然选择 138
Natures, true and immutable 真实不变的本性 100-101, 117-119, 122-123
Necessity 必然性 27, 44-45, 64-69, 124-126, 128-129；参看：Being
Negation 否定 30-34, 36
Newton, I. 牛顿 16, 138
Noncontradiction, principle of. 不矛盾律；参看：Contradiction, principle of
Nonreal entities 非真实实体 113, 117-123；参看：Natures, true and immutable
Noumena. 本体；参看：Phenomena and noumena

Oblateness of earth, not due to God's will 不应归因于上帝意志的地球的扁率 137
Omnipotence 全能 102
Omniscience 全知 34-35, 37
omnitudo realitatis, 实在的总体 33-34, 52-57, 63, 75
Ontological Proof 本体论证明 44,

65-66, 71, 79, 96, 99-125, 128-130, 148-149

Ontological space 本体论空间 33-34, 36, 52-55, 57-58, 71, 74

Ontology, traditional 传统本体论 28-34, 52, 61

Organized beings 自组织 134-135

Pantheism 泛神论 26, 81-82

Paton, H. J. 帕通 45, 114

Perfection. 完满；参看：Being; Realities

pewersa ratio, 颠倒的理性 141-142

Phenomena and noumena 现象和本体 59, 80-81, 83

Physicotheological Proof 自然神论证明 71, 77-78, 97-99, 130-145, 148

Plantinga, A. 普兰丁格 129

Plato, 柏拉图 17, 28-29

Positing (*Setzen*), 设定 65, 106-107, 115-116, 142

Possibility 可能性 44-50, 68-69；
～和反事实假定 44-46；
形式的和实质的～ 66-69, 72-74；
上帝的～ 57-59, 81；
逻辑的和实在的～ 31, 44-45, 49-50, 57-59, 98

Possibility Proof 可能性证明 19, 42, 46, 64-79, 125

Possible worlds 可能世界 46-47, 69-70

Postulates, practical 实践的设定；参看：Faith, moral

Postulates of Empirical Thought 经验性思维的公设 45-47

Predication 谓项 104-123

Process theology 过程神学 150

Providence, divine 神的旨意 22, 133

Psychology, rational 理性心理学 18

Purposiveness, natural 自然目的 130-131, 134-145

Quality, categories of 质范畴 31

Quantities, negative 负量 32-33, 58

Rationalism 理性主义 16-17, 27, 37-41, 56-59, 80, 149-151

rationes: cur et quod, 在先或在后规定的理由 39

Realities 诸实在 28, 30-34, 52-54, 57-59

Realrepugnanz 真实矛盾 32, 58-59

Regulative use of ideas 理念的规范使用 137, 141-145

Relation, categories of 关系范畴 88-89, 116

Relational properties 关系属性 39

Religion, popular 大众宗教 15-16, 60, 82, 92

Remnant, P. 雷姆纳特 127

Revelation 启示 16,60,150-151
Robespierre, M. 罗伯斯庇尔 15
Russell, B. 罗素 110

Schematism 图式论 32,61
Scotus, John Duns 司各特 28
Self-consciousness, 自我意识 18,81-82
Shaffer, J. 舍弗 105,108-109
Simplicity, divine 神圣的单纯性 80-81
Smart, J. J. C 斯马特 126
Spinoza 斯宾诺莎 26,28,63-64,89,123,136-139,143-144
Strawson P. 斯特劳逊 27
Substantiality, divine 神圣的实体性 81
Superstition 迷信 16,23,60,82,92
Syllogism, disjunctive 选言三段论 51-54
Synthetic propositions 综合命题 39-41,103-107

Teleological Proof. 目的论证明;参看 Physicotheological Proof

Teleology 目的论;参看: Purposiveness, natural
Thinkability 可思考性;参看: Possibility
Tigers, tame, existent and nonexistent 存在和不存在的驯服的老虎 110-112
Tillich P. 蒂利希 26,150
Transcendental Proof 先验证明 66

Unconditioned 无条件的 18,27
Understanding 知性 44-45,68,81,85

via eminentiae 卓越法 84,86,91
via negationis 否定法 84

Will, divine 神圣意志 82,85-86,138,141-142
Wisdom, divine 神圣智慧 87-88
Wolff, C 沃尔夫 16,32,38-39,50,61-63,65,69,72,97,147
Wöllner J. C 沃尔纳 16
Wood, A. 伍德 9,133,150
World-order, moral 道德的世界秩序 24-26,133-134,143

译 者 后 记

艾伦·W. 伍德出生于美国华盛顿州的西雅图，1964 年在俄勒冈州波特兰市的瑞德学院获得学士学位，1966 年和1968 年在耶鲁大学获得硕士学位和博士学位。他曾先后在康奈尔大学、耶鲁大学、斯坦福大学（作为该校的Ward W. and Priscilla B. Woods 荣誉教授于2011 年退休）任教，现为印第安纳大学路德·诺曼·豪尔斯讲座教授（Ruth Norman Halls Chair Professor, Indiana University）。他曾经在密歇根大学、圣迭戈加利福尼亚大学和牛津大学（2005 年成为该校以赛亚·柏林访问教授）讲学。曾于1983-1984 年访问柏林自由大学，1991-1992 年访问莱茵弗里德里希·威廉大学。研究兴趣首先是现代哲学史，特别是康德和德国唯心主义哲学，其次是伦理学和社会哲学。

伍德有众多文章发表在各种哲学期刊和文集中，他出版的著作有《康德的道德宗教》（1970 年出版，2009 年再版）、《康德的理性神学》（1978 年出版，2009 年再版）、《卡尔·马克思》

（1981年出版，2004年再版）、《黑格尔的伦理思想》（1990年）、《康德的伦理思想》（1999年）、《使人不安的义务》（2002年）、《康德》（2004年）、《康德伦理学》（2008年）。他的下一本书《每个人的自由发展：对古典德国哲学的理性、权利和伦理的研究》即将由牛津大学出版社出版。他现在正在写作《费希特的伦理思想》。

艾伦·W.伍德（和保罗·盖耶尔）是剑桥版的英译康德著作的总编辑。他编辑翻译了其中六卷。由伍德编辑的著作还有《康德哲学中的自我和自然》（1984年）、《黑格尔：法权哲学之基础》（1991年）、《康德：道德形上学的基础》（2002年）、《费希特：对所有启示的批判之尝试》（2010年），还有与苏珊（Songsuk Susan）合编的《19世纪剑桥哲学史》（2012年）。

伍德对康德、费希特、黑格尔到马克思的德国哲学史的研究独树一帜，具有深刻的历史感。伍德对德国近代哲学研究的深刻历史感，突出表现在两个方面，首先是他把对德国近代哲学的研究置身于西方哲学史的历史发展中来进行，这使得他对康德、黑格尔、马克思的哲学的理解更为深刻，廓清了种种迷信和误解。其次是表现在，他以对市民社会批判的历史发展为主线，展开对从康德始到马克思为止的伦理学研究。

他认为必须置身于其历史背景中我们才能深刻把握康德的伦理思想。从黑格尔开始的康德伦理学的形式主义批判，就是抽象地理解康德的结果。康德的伦理观是对卢梭的政治契约论特别是其"公意"思想的继承和发展，其伦理思想的着重点是道德律的第三个公式意志自律："服从定言命令的人类自身就是道德规律的立法者"，而不是第一个公式"要只按照你同时认为也能成为普遍规律的准则去行动"。伍德认为康德的伦理学思想包含着丰富的经验内容，不仅仅是抽象的形式主义。这是因为，康德关于市民社会的批判性认识实际上构成了德国古典哲学发展的历史起点。在伍德看来，如果说马克思对资本主义的批判是历史唯物主义的成熟形式，那么康德的伦理宗教学说特别是其根本恶学说就是这个历史唯物主义的雏形。

在19世纪末，黑格尔曾经受英语学界重视，但此后，特别是二战以后，黑格尔被打上了国家主义和极权主义的标签。伍德认为黑格尔哲学与其说是20世纪学界盲目认定的那种保守主义，不如说是一个对消极自由的要求不满足而要使其提高为积极自由的自由主义者。黑格尔首先肯定了康德道德学说的积极意义，并通过赋予自由以积极内容而发扬了康德坚持的启蒙理性主义。这是伍德以哲学史内在逻辑为线索对黑格尔哲学的深刻把握。黑格尔伦理学是对不断成熟起来的市民社会的更进一步的批判性认识。黑格尔在对市民社会的积极意义加以充分肯定之后，提出国家才是理性的理念，才是自由实现自身的目的所在。伍德发现在黑格尔的市民社会中存在着其自我否定的矛盾，那就是市民社会的发展必然导致以暴力为归宿的无产者阶级的出现以及其造成的市民社会的自我毁灭。这就为马克思进一步发展成为成熟的历史唯物主义做了必要的铺垫。

伍德不能不向世人表明对马克思的偏爱，这是因为只要资

译者后记

本主义还能延续下去，马克思对资本主义的历史唯物主义批判就是有效的。马克思以人的自由发展为目的的理性主义是对康德和黑格尔学说的继承和发展，决不能脱离开德国近代哲学的内在继承和发展的逻辑线索来孤立地看待马克思主义学说。在1981年出版的《卡尔·马克思》一书中，伍德认为，马克思开始错误地认为异化是一切资本主义问题（例如，工人不拥有他们劳动的产品这个事实）的基础，但是后来他认识到异化不是更深问题的解释，倒是更深问题的表现。最有争议性的是对马克思的道德观点的解释。伍德认为，马克思并不从道德出发批判资本主义，他从未说过资本主义是不公平的或资本主义侵犯了工人的权利。在伍德看来，当从某些历史背景出发做出判断的时候，马克思是把雇佣劳动受资本的剥削看作公平合理的，因为任何社会的公平仅仅意味着它符合现存生产方式的历史性要求。在伍德看来，马克思相信，他的历史唯物主义框架必然推论出所有的道德，包括资产阶级的道德，都是某种意识形态的幻影。早在1972年春伍德发表的"马克思对正义的批判"（译文见《马克思主义与现实》2010年第6期，林进平译，李义天校）的文章就阐述了上述观点。1978年，宾州大学的胡萨米发表了"马克思论分配正义"一文，对伍德的观点提出了质疑，阐述了相反的观点。随后，伍德又于1979年发表了"马克思论权利和正义——对胡萨米的回应"（《现代哲学》2009年第1期，林进平译）重申了他的观点，由此，引发了一场主题为"马克思是否批判资本主义为不正义"的争论。

上个世纪70年代伍德教授对康德的道德宗教的研究，对国际特别是英语世界的康德研究有很大的影响，导致了以对新康德主义研究范式加以反思的新的研究范式的出现。90年代以来以康德宗教哲学研究成名的庞思奋和费尔斯通把对康德的宗教哲学研究的发起人归属于他。但是在90年代把康德哲学诠释为基督教神学或宗教哲学的学术思潮兴起以后，伍德教授对其中蕴含的宗教意向产生了警惕，并著文说康德的宗教哲学不能归属于可以更多地加以宗教化诠释的一类，而应当是近代理神论性质的。这是伍德根据自己早年对康德宗教哲学的深入研究并经过深思熟虑而提出的结论。

伍德在1970年出版的《康德的道德宗教》一书中就批评了新康德主义兴起以后的康德研究，认为这些研究只重视细节而忽视了对康德哲学的整体把握。由于没有整体视野，没有把产生康德哲学的哲学史背景纳入思考之中，反而抽象地、孤立地研究康德的认识论和伦理学，因而，这些康德研究者把康德的宗教学说看作与批判哲学宗旨不相容的附赘悬疣。康德本人在《纯粹理性批判》的第二版序言就明确宣布，批判哲学的宗旨是限制知识为信仰保留地盘。但是，直到上个世纪70年代也很少有人能够重视这个宣言。1970年出版的《康德的道德宗教》的重要贡献就是，伍德系统地论证了作为整体视野下的批判哲学其宗旨就是道德宗教。这个道德宗教虽然与经院神学和传统基督教不同——康德从启蒙运动的立场出发对教会宗教信仰持批判态度，但是伍德认为，除非从有神论出发，否则康德就根

译者后记

本不能设想人类的处境。

道德宗教是综合知识和伦理两个领域的一个超越的领域，即一个只能信仰而不能认知的领域。康德的道德宗教与基督教神学的宗教道德的根本区别在于，后者把道德建立在上帝的知识基础上，而前者则把道德作为前提，上帝存在的信仰是人们摆脱道德困境的必然要求（设定）。康德批判哲学所谓的限制知识，就是限制对上帝的知识，只在把上帝理念当作一个范导性理念的意义上保留对其或然性的知识。1978 年出版的《康德的理性神学》显然是对《康德的道德宗教》一书的重要补充。在这本书中，伍德以雄辩的方式充分论证了康德的理性神学与中世纪以来的经院神学传统的继承关系：除非以经院理性主义传统的方式，否则康德也不能思考上帝。

置身于西方哲学史、西方宗教史的背景来诠释康德，使其恢复历史真实面目，也是当前中国学术界的兴趣所在。这个兴趣的出现是为了校正上个世纪 80 年代以来（甚至可以上溯到康德哲学传入中国伊始），在新康德主义影响下，对康德哲学断章取义的认识论、伦理学和美学研究。上个世纪 80 年代兴起的文化热，至今以理性启蒙自居，拒绝思考批判哲学自身明确宣称的宗教意旨。这种对康德哲学进行抽象孤立研究的策略，与上个世纪 80 年代的激进反传统的现代化思潮相适应。至今流行在知识界的普世价值观，其深层的哲学论证就取资于康德批判哲学的这种抽象研究。这种普世价值观在现代新儒家尤其是牟宗三新儒学那里，也通过康德诠释，成为建构现代保守主义的学理基础。因此还原康德批判哲学的历史原貌,对于当代中国哲学的自我反思和进一步发展,就是必要的一个步骤。

伍德教授的这部短小精悍的小书很早就躺在中国的图书馆里,却很少引起学者的关注。也许中国学人迄今为止还不能告别80年代的文化热,但是思想的重新起航,为我们提供了翻译介绍这部小书的机会。我们可以从这部小书中获得对康德哲学的哲学史、神学史背景下的新的认知。

伍德教授的《康德的理性神学》补充了他的前一部书《康德的道德宗教》的内容,也是在他的前一部书的创作过程中就开始酝酿的。作者作为剑桥康德著作译著集的总编辑之一,在编辑翻译康德的《哲理神学讲座》时要写一个介绍性序言。在落笔以后伍德教授发现,有许多重要的发现要说,于是就不适合做一个简短的译序,而需要单独出版。

这部书包括两部分,第一部分讨论康德的上帝理念,第二部分检讨康德对三种上帝存在证明的批判。

在第一部分,伍德从康蒲·斯密、英格兰等对《纯粹理性批判》辩证篇"纯粹理性理念"的开头部分的评论的讨论开始。他在这些康德学者"不值得同情和理解"的康德的"陈旧的理性主义论证"中发现了同情地理解康德哲学的线索。在经院哲学的理性主义传统中,伍德教授找到了康德的批判的上帝观念的起源。

康德继承了经院神学到唯理主义的一种本体论观点,即认为存在是有不同的完满程度的,最高完满的存在是上帝。这种观点也贯穿在分析篇的内容中,例如质范畴的"实在、否定和限制"就以这样的存在观为基础,"图型"和"知觉的预测"也是如此。康德对中世纪经院学者到笛卡尔的笼统的最完满存在者概念并不满意,他借助莱布尼茨的完满个体概念形成了自己关于最完满存在者的一个"清楚"概念,即"通盘规定的基础"的概念。通盘规定是关联于每一对可能的矛盾谓词而被规定,这样获得的是一个具体的个体概念。这一个个体事物的规定就从属于所有可能的谓词总和的全体性。康德认为只有最完满存在的上帝才是这个所有谓词所表达的实在的总和的最终来源。

康德把可能性完全等同于可思考性。有逻辑的可能性与实在可能性之分。前者指不违反逻辑矛盾的可能性,后者是指与时空直观条件和一般经验思维的先验范畴的符合而具有的可能性。在康德的前批判时期,思考的实在可能性是通过作为所有实在来源的最高实在提供的,批判时期康德才确定这些思考的材料只能来自感性直观。但是,在前批判时期康德只把用谓词表达的实在作为思考的质料,并且认为用所有可能谓词的肯定或否定对一个个体进行的通盘规定,或完满规定,为这个个体事物提供了一个在各方面都加以规定的普遍的个体概念。它是被设想为在所有方面都(真实)可能的某种东西,即绝对可能的东西。这是一个应用于普遍物、独立于它们与可能经验关系的绝对可能性。

这样一个通盘规定的基础的最高实在的上帝概念，是一个关于有限物来源于上帝创造性的诠释的概念。这个概念显然与莱布尼茨的完满个体概念有直接的联系，但完全是康德自己的独创概念。

这个概念最早出现在1755年他的拉丁文著作《新解释》中，他通过这种上帝概念提出了对本体论论证的批判。八年后在"上帝存在证明的唯一可能根据"（1763）中，康德对本体论和宇宙论论证的批判就更详细、更有特色。但是"根据"一文不是对所有上帝存在证明的批判，而是在批驳了传统本体论和宇宙论的同时，提出了康德认为最有说服力的"可能性证明"，企图标明最实在的存在者的存在是必然的，因为它是所有可能性的一般条件。

在"根据"一文中，康德首先区分了两种不可能性，即概念自身包含矛盾的逻辑的或形式的不可能性，以及没有材料可以思考的实质的不可能性。思考一个可能性，对康德来说就是形成一个概念，它的"质料"或内容由某些实在（或它们的否定）构成。"没有任何东西存在是绝对不可能的。"因为如果没有任何存在，那么就没有实在能作为质料给予任何思考，而这是不可能的。因而康德说，"所有可能性预设某种现实的事物——在它之中并通过它任何可思考的事物被给予。因此，存在一个确定的现实性，取消它就会取消所有内在可能性一般。可是取消或否定它就会使一切可能性消失的那个事物，是绝对必然的。因此，某物以绝对可能的方式存在着。"① 然后，康德进一步推论说，具有必然存在模式的存在者必定是一个而不是很多，必定是永恒的和不变的，必定具有知性和意志：简而言之，它必定是上帝。② 伍德指出这个可能性证明存在众多困难，最突出的一个困难在于，即便假定从没有任何东西存在是不可能的能够推论出必然存在某些现实的事物，也不能因此得出一个必然存在者的存在来。

在批判时期康德已经形成了道德宗教的信仰，认为以往的物化崇拜都源自对上帝知识的执着，而摆脱了物化崇拜的以道德为基础的宗教只需要一个上帝存在的理念（概然观念）。因此康德前批判时期的可能性证明就不能主张下去，但是从可能性证明获得的通盘规定概念基础的上帝概念却保留了下来。"相关于其表达事物的通盘规定的目的，理性并不预设一个符合此理想的存在者的存在，而仅仅是预设其理念，这是自明的。"③ 第一批判出版后康德在《哲理神学讲座》的授课中，承认可能性证明"不能确立一个本源存在者客观必然性"，却仍然相信它表明了"这一存在者的主观必然性"，它证明上帝存在是一个人类理性的"必然预设"或"必然假设"。④

---

① 康德：《全集》(Gesammelte Schriften)，柏林科学院版，第2卷，第83页。
② 同上，第83-89页。
③ 《纯粹理性批判》，A 577-579/B 605-607。
④ 康德：《全集》，第28卷，第2集，第2部，第1036页；《哲理神学讲座》(Lectures on Philosophical Theology)，艾伦·W. 伍德和格特鲁德·M. 克拉克（Gertrude M. Clark）译（伊萨卡，纽约，1978年），第68页。

在康德批判哲学发展的历史上，用通盘规定的基础来界定理性的理想即上帝概念，是康德对传统的上帝存在证明的深入批判的结果。但是，反过来，理性的理想概念的形成，又规定了康德对传统本体论、宇宙论和自然神学证明的批判的基本目标和基本策略。

第二部分，伍德教授分析了康德对三种传统上帝存在证明批判的目标和策略。康德的批判的目标是实现论证的系统化，以与道德宗教对先验神学的要求相适应。为了实现这个目标，康德几乎完全忽视了经院哲学以来的三种传统论证的真实状况，而只能留给人们一个念念不忘"通盘规定的基础"的自顾自怜的形象。换句话说，康德就是要把宇宙论证明和自然神学证明还原为本体论证明，然后把本体论证明还原扭曲为包含着存在谓词于自身之内的主词的一个分析命题的证明。康德在前批判时期可能性证明基础上形成的最高实在概念即通盘规定的基础的概念，成为他最迷恋的概念，一切有神论证明都要以其为准则。因此，康德对传统有神论证明的批判其局限性也在此。

康德的有神论证明批判的主要部分是对本体论证明的批判。康德对笛卡尔为代表的本体论证明的批判是以一种他自己调制的替代性的方案为立足点的。这个方案在1755年的《新解释》出现雏形，1763年"根据"发展为上帝存在的可能性证明，到批判时期演化为理性的理想的概念（通盘规定的基础）。康德在批判笛卡尔证明的时候，偷偷地运进了这个通盘规定的基础的概念。用这个通盘规定的基础的概念规定了的最高实在概念，不包含存在谓词在其内容中，而它所取代的笛卡尔的最高实在却把必然存在作为真实不变本性包含在自身中。于是康德就把笛卡尔的本体论证明篡改为主词包含存在谓词的一个分析判断的真理性问题。由于存在不是实在谓词不能包含在主词中，这样，本体论证明作为一个分析判断就不能成立。康德的本体论批判完全忽视了虚构的存在和包含真实不变本性的偶然性存在以及包含真实不变本性的必然存在的区别，从而根本不能说服像笛卡尔那样的本体论者。我们看到，肯定必然存在为上帝真实不变本性，和否认存在是实在谓词，是两种对立的极端主张，彼此不会达到一致同意。彼此之间只是类似于经验论与唯理论之间的竞争关系。

康德对宇宙论证明和自然神论证明的批判也是不成功的。康德把对宇宙论证明和自然神论证明的批判分为两步，第一步从偶然经验追溯到必然存在者的存在或从在自然界发现的多样性和秩序，以及能够在自然物中观察到的有目的的安排追问一个设计者的存在。第二步要表明这个必然存在者或世界设计者是一个最实在的存在者，因而包含着最实在的存在者必然存在的本体论证明。康德相信本体论证明作为一类默许前提包含在宇宙论证明和自然神论证明中。并且他认为这个默许的前提做了所有的工作，以至于诉求经验实际上只是一个空无内容的、多余的姿态。实际上可能恰恰相反，那些不愿意接受本体论证明而接受了宇宙论证明或自然神学证明的哲学家，会断然拒绝最实在的存在者的本体论概念。

伍德教授指出，康德没有能够把宇宙论证明还原为本体论证明。在对宇宙论证明的批判中，伍德认为，康德至多能够得到的结论是，如果我们接受了在证明第二阶段中从必然存在到最高实在的推论，那么我们就承诺接受了本体论证明。对于宇宙论证明的第一步论证，康德也是持批判态度的，他列举了四种错误。但是，康德对第一步论证做了让步，并着重批判其第二步证明。在这里他首先对第一步的结论即存在一个必然存在者，进行进一步的规定，从而得到每个必然存在者是最实在的存在者的命题。然后，从对每个必然存在者都是最实在的存在者的命题换位，推论出最实在的存在者必然存在。这个推论预设了必然存在者的存在，也就是说第二步证明以第一步证明为前提条件，因而把宇宙论证明还原为本体论证明的企图是不可能的。但是，宇宙论证明是否包括这第二步证明是十分可疑的。严格的宇宙论证明的有神论者会拒绝对必然存在者的最实在的存在者的规定，即拒绝接受一个把其他谓词与存在谓词严格区别开来的"通盘规定的基础"的概念。

对于支持自然神论证明的有神论者来说，除了上述的理由拒绝康德批判以外，还要加上如下两点。首先，自然神论证明的支持者对康德把自然神论者证明还原为宇宙论证明的拒绝。相信一个自然目的的设计者的存在，更适合于一般信众；而一个从偶然存在追溯到的必然存在者却更抽象更适合哲学的口味。因此，一个自然神论者很可能会拒绝宇宙论证明，而坚持自然神论证明。其次，伍德认为，康德从对待自然目的的四种态度中选择有神论解释，是理由上极不充分的。康德虽然对自然神论证明进行了理论上否定性的批判，但是，在三种传统的上帝存在证明中，对自然神论证明康德却是最为同情的。这是因为，康德认为这种自然神论证明能对自然目的做出合理的解释。康德对自然界有机组织的解释做的四种分类，分别是伊壁鸠鲁主义、斯宾诺莎主义、物活论和自然神论者的有神论，前两种解释否认了有机组织的存在，后两种肯定了有机组织的存在。在后两者中，相对于物化崇拜的物活论而言，康德认为有神论解释还是更合理一些的。但是在自然科学告别了牛顿物理学体系的线性思维而接受了非线性思维以后，自组织现象已经和神秘的秘义崇拜告别而成为科学的主题。再有人主张康德的有神论解释似乎就有些特别和另类了。

我们看到，伍德教授的细致梳理把康德的上帝理念以及与其伴随的对传统有神论证明的批判，在哲学史的背景中，完整地凸现出来了。康德没有一劳永逸地消灭了上帝和有神论证明。康德对于传统的有神论证明的批判，只是作为一种替代策略的批判。作为传统有神论代表的本体论证明，坚持存在必然属于上帝的概念，而康德则认为存在不属于上帝概念的内容。置诸哲学史中，这实际上是两种竞争策略，一种属于实在论（以及现代唯理论），另一种属于唯名论（以及现代经验论）。后者只相信感觉是知识的最终来源，而把存在只赋予现象事物。而前者则相信通过理智的直觉可以把握高于感觉的存在。

对于经验主义的康德专家,比如康蒲·斯密、英格兰、斯特劳逊来说,康德还继承了莱布尼茨和经院神学的遗产而迷恋于把最高实在规定为"通盘规定的基础",就是不可思议的了。在我看来,这正是康德的可贵之处:通过一种折中的策略就在经验论和唯理论之间建立了一个桥梁。

对于这个桥梁,我们中国哲学可以有出自不同立场的理解,也可以根据不同的目的加以利用。德国古典哲学利用这个桥梁重新走回了理性主义立场,而新康德主义者则试图走向更加经验主义的道路。康德的上帝观念和其批判的传统有神论的上帝观念,虽然彼此对抗,但却有共同的理论基础:他们都把上帝作为无限物和有限物绝对对立起来了。一方认为上帝才是真实的存在,现象事物只是偶然地或不那么真实地存在,另一方则认为我们没有理智的直觉不能认识上帝,我们只能把存在的判断赋予有限的现象存在者。海德格尔对这两种立场都加以批判,认为他们都在谈论存在者的同时把存在本身遗失了。海德格尔并没有因此获得对存在的本真的认识,因为他仍然在坚持上帝和有限物的绝对对立,他在寻找存在本身的时候走向了一条危险的途径。海德格尔仍然必须寻找上帝,"只有一个上帝存在拯救我们",也许希特勒并不是他要寻找的上帝,但是他仍然一度选择了希特勒。

到了我们重温道在器中古训的时候了,"道也者,不可须臾离也,可离非道也。是故君子戒慎乎其所不睹,恐惧乎其所不闻。"(《中庸》)无限之道就在有限器物之中,而道不离器,无物非道。这是一种中国哲学的参与者的治理，而不是西方文明的无关者的征服。

我之所以要翻译伍德教授的这本小书，就在于这本小书能从哲学史背景帮助我们认识真实的康德哲学。对康德哲学乃至西方哲学史的真实认知，是我们进行中西比较和重新阐述中国哲学的前提。

图书在版编目(CIP)数据

康德的理性神学/(美)伍德著;邱文元译.—北京:
商务印书馆,2014(2023.7重印)
ISBN 978-7-100-10594-1

Ⅰ.①康… Ⅱ.①伍…②邱… Ⅲ.①康德,I.
(1724~1804)—哲学思想—研究 Ⅳ.①B516.31

中国版本图书馆 CIP 数据核字(2014)第 144123 号

权利保留,侵权必究。

康德的理性神学
〔美〕艾伦·伍德 著
邱文元 译

商 务 印 书 馆 出 版
(北京王府井大街36号 邮政编码100710)
商 务 印 书 馆 发 行
北京捷迅佳彩印刷有限公司印刷
ISBN 978-7-100-10594-1

2014年8月第1版	开本 850×1168 1/32
2023年7月北京第2次印刷	印张 6¼

定价:38.00 元